清华

一个普通高中生的圆梦笔记

谭家林—著

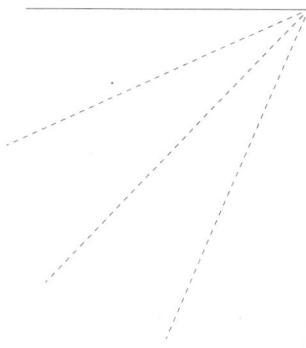

化学工业出版社

·北京·

为了帮助广大高中考生能成功进入梦想的大学，本书以作者亲身经历为例，生动而详细地讲述了一个高中生的凤凰涅槃。通过"我"的高考奋斗史，用亲切而生动的语言，描述了一个高中生的蜕变历程，从厌学到爱学，从高三到复读，从全班倒数到全市第一……友情、亲情、师生情在"我"的青春篇章中一起画下浓墨重彩的一笔。本书还介绍了各式各样的学习方法，从达·芬奇睡眠法到艾宾浩斯记忆法，从文科记忆树到数学思维导图……以"我"的学习历程为例，通过"我"的真实经历让读者对学习方法有更深层次的了解。千万人心中有千万个哈姆雷特，千万学子心中有千万种高考。或许高考承载的不仅仅是一场以分数较量的残酷战斗，它承载的更是我们那无悔的青春岁月。青春与热血贯穿整本书，让读者在得到学习经验的同时，获得心灵上的鼓舞与感动。

本书实用性强，既是高考生的高分宝典，又是一本能让莘莘学子焕发新生、勇往直前的励志手册。

图书在版编目（CIP）数据

清华：一个普通高中生的圆梦笔记/谭家林著.—北京：化学工业出版社，2018.1（2025.6重印）

ISBN 978-7-122-31034-7

Ⅰ．①清… Ⅱ．①谭… Ⅲ．①学习方法-青少年读物 Ⅳ．①G791-49

中国版本图书馆CIP数据核字（2017）第284112号

责任编辑：罗　琨　　　　　　　　装帧设计：韩　飞
责任校对：宋　夏

出版发行：化学工业出版社（北京市东城区青年湖南街13号　邮政编码100011）
印　　装：三河市双峰印刷装订有限公司
880mm×1230mm　1/32　印张9½　字数201千字　2025年6月北京第1版第27次印刷

购书咨询：010-64518888　　　　　售后服务：010-64518899
网　　址：http://www.cip.com.cn
凡购买本书，如有缺损质量问题，本社销售中心负责调换。

定　　价：35.00元

前言 /

Preface

　　高考是我国大部分青年人必须经历的一件人生大事。三年的高中生涯也是各种故事发生的地方，友情、亲情、师生情……交织成每个人无法忘怀的青葱岁月。在这些多彩的生活里，有一个永恒的主题——学习。三年的生活都指向高考的分数，本书的故事也就是围绕这一主题展开的。

　　这段日子里，有失落，有成长，有被挫折摧毁的信心，也有被胜利冲昏的头脑……本书所展现的就是一段完整的高中生涯，一个学生所能经历的、所该做的，全方位展现。

　　书中的"我"从一个差生一路成长，通过讲述这个真实的过程，将高中生活和学习方法全方位展现出来。一路所遇到的事，自己用过的方法，零距离的代入感，这一切的一切，都让我相信每一位读者，无论是正在经历的，还是已经在怀念的，都会在这里找到属于你独特的感受。愿每段青春，都余味悠长。

全书内容分为四篇，这里向读者做一个简单的介绍，以方便读者直接切入相关内容学习和阅读。

迷茫篇——零基础如何去学习

本篇以"差劲而困顿的我"为例，生动地讲述了一个"差生"的初次蜕变：如何从迷茫中醒悟，如何踏上高考之路，以及怎样排除万难、奋力追赶他人，用细腻而富含情感的文字，完整地描绘了一个"差生"在学习方面遇到的各种困难，以及"我"在遇到困难之后采取的解决方法和心路历程。

奋斗篇——学习进阶

本篇主要是对四大科目（语文、数学、外语、文科综合）的各种学习方法进行了系统介绍和详细讲解，目的是引导读者逐步在自己的头脑中建立一个高效的、系统的、完整的、最适合自己的学习方法，通过认识和改良学习方法，达到事半功倍的学习效果，最终获得优异的学习成绩。除此之外，有关备考心得、生活睡眠以及考试失利后如何调整心态的建议，更是深入地考虑了备考学子在决战高考期间需要注意的方方面面。

蜕变篇——奋战高考

本篇以高三第二学期为时间线，描述了"我"在高考来临前的心路历程。通过阅读本篇，读者能够深刻体会到"我"在备战高考期间的酸甜苦辣，尤其是三次大型模拟考试后给"我"带来的经验与教训。本篇不但有关于学习方法上的深入探究，告诉读者如何把握最后一个学期，如何摆正姿态迎战高考，更是着重笔墨讨论了有关学习心态方面需要注意的问题。

复读篇——学霸之路

本篇为本书最重要的篇章，以生动而形象的文字内容，讲述了"我"在第一次高考失败后重新站起并最终获得成功的故事。本篇着重于探究学习高分进阶问题，帮助读者顺利突破学习瓶颈期。除此之外，本篇以"我的复读经历"为例，深入讨论了有关学习态度的各种问题。

本书旨在通过以"我"的高考奋斗史，向读者讲述那一段段难忘的青春岁月，并希望读者在阅读过程中获得学习方法与人生态度上的改善。

本书不是空洞地讲成长经历，而是结合具体详尽的事例，总结出了各种方法，针对每一门具体的学科，摸索出行之有效的学习模式。

本书所讲述的真实故事本身就充满着热血，将一个"学渣"的逆袭之路完美呈现。除去吸引人的故事之外，作者的笔触充满激情，将历经挫折与失败后的痛苦、守得云开见月明的喜悦，淋漓尽致地展现在读者的面前。那段本就充满激情斗志昂扬的岁月，在作者笔下更是无比激动人心。热血的文字，坎坷的经历，感动与奋斗陪伴读者品读全书。这本书适合每一个正追梦的学子去奋发，也适合每一个追过梦的人士来回味。

目录/

Contents

前言

（四）复读篇　／223

一

迷
茫 篇

少年不识愁滋味，爱上层楼。
爱上层楼，为赋新词强说愁。
——辛弃疾

谁的青春不迷茫？

深夜，寂寥。

当便利店的时钟报响 10 点整时，我正左手拿着一瓶冷饮，右手撑着腮帮，呆望着光怪陆离的电视屏幕，心绪杂乱。

我姓林，单名一个木字，今年 16 岁。

"没什么事可以做的，差不多该回去了。"我自顾自地嘀咕了几句，一口气吸完临近瓶底的碳酸汽水，毫无生气地走出了便利店。

我独自走在从便利店到家的路上，天空一片漆黑，没有月色，没有繁星，连路灯也黯淡无光，似乎在预示着我的未来——毫无光明。

我是一个很普通的高中生，没有出众的相貌，没有令人称道的成绩，更没有深厚的家庭背景。可令人感到矛盾的是，作为一个平凡得不能再平凡的人，我却有着一颗异常贪婪而自大的心，不止一次在路边幻想有如明星一般俊俏的模样，在课堂上幻想有令人称赞的成绩，更在校门口幻想自己能如小说中一样开着各类豪车去上学……可每次当自己回过神来，才发现眼前依旧一片空白，我还是那个平凡的我。

现实就是现实，无法改变，只能意淫。

我家离学校的距离并不是太远，再加上学校并没有硬性要求所有人都要寄宿，所以我选择了走读，按我们的话来说，就是通学。每天早上五点半起床，半个小时洗漱吃饭，半个小时走路，六点半到学校，晚上十点二十左右回到家，日子如同精密运转的时钟，分毫不差。

因为无聊，所以每天上学放学的时候，耳朵里都会塞着一个耳机，听得最多的歌是五月天的歌，听过最多的单曲是《倔强》，最喜欢的歌词是："当我和世界不一样，那就让我不一样。"有时候，在路上我总会情不自禁地唱出这首歌，可是我不敢大声唱，只是低声浅唱，可能是没有勇气，或者是对自己没有信心。

我，应该和很多人一样，是平凡而普通的。

回到家，洗漱，跟家人道声"晚安"，无事入眠。

早上，天空还未披上明亮的白纱，太阳还未升起，而该死的闹钟却硬生生把我从睡梦中唤醒。

擦着蒙眬的双眼，我晃了晃沉重的脑袋，转头看向枕头旁边的闹钟，电子屏幕上显示的数字依旧是5点30分——这是每天早上出现在我眼睛里的第一个时间。

我伸了个懒腰，心有不悦地把闹钟给关掉，又蜷着身体，在床上翻滚了一会，接着大叫一声，从舒适的被窝里蹿了出来。似乎自己每天都如此，总是想多睡一会，却又怕迟到，只能趁着理智大过惰性的一瞬间大叫一声，然后把被子踢到床下去。这对我来说是最好的办法，不过有时候会吵到熟睡中的家人，然后挨上一顿晨骂。

简单地整理下着装，收拾好今天要用的书和工具后，我就匆匆忙忙地出门了。

我家住在四楼，楼灯经常会因为各种缘故坏掉，所以很多时候我都是一个人摸着黑走下楼。说不怕是假的，尤其是我还特别喜欢看恐怖片和犯罪片，所以经过走道的时候总会不自觉地想起自己背后跟着一个恐怖的老婆婆，或者下楼的时候会觉得头顶上伽椰子姐姐正在和我友好地打着招呼。

提着胆子，好不容易下了楼，我在打开楼下安全门时，下意识看了看一旁被我废弃很久的自行车，心中不禁感慨：车兄啊车兄，想当年你也是跟着我叱咤学校，在我失意、得意、快乐、沮丧的时候，你都是默默地陪着我度过，从来都没有离开过我，可现在，看着你满身锈斑地倒在楼道口，只令人感慨岁月无情。

好吧，其实说了这么多，我承认，是因为冷天的时候，骑自行车会非常痛苦。

似乎，今年的冬天比往常来得更快一些。

此时，10月下旬，二十四节气中霜降已然来袭。

我深呼吸一口气，推开了大门："天气突然变凉了很多，明天该多加件衣服了。"

或者是觉得自己还顶得住迎面呼啸的秋风，抑或是身体里的懒癌发作，明明只需爬四层楼便可添件衣服感受温暖，却仍旧是呆头呆脑地走出了小区。

因为每天走的都是同一条路线，所以自己对时间的把握异常准确。

5点42分，我来到自己经常吃早饭的地方，神情迷蒙地坐在位子上。

饭店老板是个很热情的中年大叔，因为常年如一日地在他家吃早饭，再加上我不出意外的是他每天第一笔生意，所以他对我已经是很熟悉了。我吃早饭的品类很固定，每天都是肉丝米粉，久而久之，便不需要和大叔再进行格外的交流，每当我进店时，大叔就会立刻帮我准备肉丝粉，不会浪费过多的时间。

十分钟后，吃饱喝足的我不紧不慢地走向学校。距离早自习还有一些时间，自己不必太赶时间，所以能悠闲散步，消化食物。

一路上我能看到很多我们学校的学生，因为这附近就我们一所高中，所以能看到的学生几乎都是同一个学校的。心情好的时候，我会上去跟别人打个招呼；心情不好的时候，我就戴着耳机自个儿走自个儿的。

快到学校门口时，能看到有很多学生在附近的各种早餐摊儿上买早餐，人声鼎沸，热闹非凡。而再往前走上几步，学校那扇庄严厚重的大门便会映入眼帘，这时我就明白，无聊而无奈的一天又将开始了。

拖着备感疲惫的身子，我神情低落地走进学校，没过多久，一阵熟悉的广播体操声就钻进了我的耳朵。

"一二三四……二二三四……三二三四……第五节，伸展运动……"

"真是烦死了，声音小点不行吗？"我望着操场上涌动的人潮，自言自语道。

其实，在我没读通学之前，我也是操场上人潮中的一员，每天都要从寝室一路小跑，经过近五百米的上坡路，疲惫不堪地来到操场，然后在短暂的歇息之后，就像机械人一般地做着广播操中的各种动作。

经过操场之后，我撑着扶手，艰难地爬上我们班级所在的四楼。因为学校规定通学学生不需要做早操，所以很多时候我都是第一个来教室的。教室里通常是一片黑暗，这个时候就要靠我去照亮世界了。

打开灯，找到自己的座位，如生锈零件般僵硬的身体刚触碰到椅子，整个人就如同散了架，毫无生气。可是，往往这个时候我是不能散架的，因为作为一个不求上进、贪玩、只求及格的"差生"，我一直严格要求自己：必须在老师和同学跑操结束来到教室之前把作业抄完。

作业抄到一半，突然，我的后脑勺被重重地砸了一下。

"疼，谁啊！"

摸着自己的脑袋，我愤怒地转过头去，眼前，一个身高一米八五的大男生，边擦着睡梦迷蒙的双眼，边打了个哈欠，神情恍惚地说道："小木，快点抄，我还等着用呢，昨晚通宵玩游戏去了，忘做作业了。"

"又通宵上网？我记得你说你要戒网了的，怎么还玩？现在可是高三了，你不知道死活了啊！"我一边抄着手中的作业，一边跟他说话。

"是啊，我都戒了快五天了，可是昨天游戏的公会里回来个老朋友，就想着庆祝一下，结果庆祝过头了，就通宵了。"

他的名字叫廖海波，是一个体育特长生，高二文理分班时分到我们班的。人很单纯，更是讲义气，不过他网瘾极重，热爱各种游戏，所以晚上各种翻墙跑去上网，曾经创下一个月二十三个通宵还没被老师发现的惊人纪录，我们所有兄弟都佩服得五体投地。

"你快点抄啊，小木，好累，我得先睡会，抄完你放我桌上就行了。"海波摇摇晃晃地走到了自己的座位，趴在桌子上，片刻就呼呼大睡。

突然，一阵让我胆战的铃声响起，一大群人如洪水猛兽一般涌入教室，当时我的第一反应就是打开课本，一边朗读着乱七八糟的东西，一边用最快的速度把作业本插入抽屉里众多书籍中，顺便推醒一旁沉睡的海波。

星期三，英语早自习。

自上学以来，我的英语就差得很，差到常年不及格，有时若是意外地出现了及格的情况，那也是通过各种"人品爆发"的"奇迹"。因为常年以来受到英语的"折磨"，外加英语成绩的惨不忍睹，使得我对这门科目产生了一种莫名的厌恶感，甚至脑子里会产生各种抵制这门课程的想法，比如我会觉得：英语是外国人用来对付我们中国青少年的秘密武器，每当我们正苦苦挣扎在高考英语、英语四／六级等考试中，绞尽脑汁、费尽心思地做着一道又一道难题时，外国的青少年们正在用我们学习英语的时间，在商场上、在实验室里、在电脑室里，做出一个又一个将来令世人惊叹的产品。

对于英语，我实在是无心学习，也无力学习。

"你抄完作业了吗？"海波问我。

"还没有。"

"今天是英语早自习啊，还好，不是班主任的早自习，我想我可以继续睡了。"

"你睡吧。"我端着英语书，耳边尽是各种读书声，氛围很好，可我却是一个单词也不想读出来。

"海波，你准备怎么办？明年就要高考了。"我不知道自己怎么会问出这样一句话。

"嗯，不急，我先睡一会儿再说。"他回答。

"你是怎么想的？"我又问。

　　"不急，先睡一会儿，还有那么久呢。"他边说边打起了呼噜，似乎一点儿也不放在心上。

　　而我，脑子一片混沌，嘴里仍旧没有念出一个单词，眼睛呆滞地望着黑板顶端，望着那张显示高考倒计时的日历，我逐渐陷入了怅惘与迷茫的旋涡深处。

树欲静而风不止。

——《汉·韩婴·韩诗外传》

我要奋斗，浪子回头金不换！

如同被风刮落的残败秋叶，我不止一次觉得自己的成绩是没有生机可言了。我无数次尝试去好好读书，却总是静不下心，每次做十多分钟的题目，心思就飞到十万八千里之外了。

"去商店买点吃的？"第二节课下课铃声响起，海波拍了拍我的肩膀，一脸慵懒道。

"可是……我这还有几道题没做完……"

"哟，还做题，少来了，别做了，下课就该好好玩儿，要不然上课是干吗的？"

其实，上课与下课对那个时候的我与海波来说，只不过是有没有老师罢了，该睡觉还是睡觉，该看小说还是看小说。到了高三，很多老师也都知道你是个怎样的学生，如果他们觉得你还有"救"，就会时不时地劝劝你，苦口婆心地劝你回头是岸，而我与海波对老师们的好意却丝毫不在意，一而再再而三地让他们失望，渐渐地，除了班主任以外，其余老师也就放弃我们了，早已是不管不顾了。

　　的确，一个爱打架、逃学、作弊、成绩下游、没有任何志向、从不知悔改的差生，早已是伤透了各位老师的心。

　　我低头看了眼只差最后一步就能解开的方程，又抬头看着海波。

　　"学习真没意思。"内心似乎有人在对我这么说。

　　突然，我的屁股传来一阵异样感，感觉就像被无数虫子咬了一样，难受得很，恨不得赶快逃离座位。

　　"去。"当我说出这个字时，我的心早已不在学习上了。

　　我把习题册轻轻掩上，想等买完东西回来的时候再把剩下的方程解完。

　　事实上，在我回来之后，学习的事情早已抛于脑后，那道方程永远也没有解出答案。

　　我怀疑自己有多动症，不然为什么总是坐不住，除非是考试，要不然平时连一套卷子都做不完，脑子里总是有各种各样奇奇怪怪的想法，身体也不由自主地想要偷懒。

　　午休时间，我跟海波肆无忌惮地在座位上嬉闹，好不快活；与此同时，我们前后左右的同学都在安安静静地闷声做题。隐约中，一动一静，造成了强烈的对比。

“嘘，你俩小声点儿，你们周围的人都在学习呢。另外，还有人在休息呢。”我背后的马尾辫女生用圆珠笔筒戳了戳我的后背，她眉毛微微皱着，嘴巴紧抿，整张脸看上去显得有些不悦。

“OK，OK，我们小声一点儿小声一点儿，哈哈……”海波的情绪似乎还沉浸在我们开的玩笑当中，嬉皮笑脸地说道。

马尾辫女生看到海波如此吊儿郎当，一点儿也不正经，整张脸突然就黑了，她冷哼一声，低下头，做起了题目，不再理睬我俩。

“没意思。”海波噘了噘嘴，摇头道。

“是没意思。”我趴在桌子上，望着眼前那厚厚一叠崭新如初的习题册，突感疲惫。

“我也无聊啊。要不，今晚出去上个网？反正明天班主任没课，就算通个宵咱也能在课堂上美滋滋地睡上一天。”海波提议道。

“今晚吗？”

“是的，明天没有历史课，班主任是不会来的，你觉得如何？”海波用手肘推了推我，一脸坏笑。

“行，我跟我家里说今晚住寝室了。”

我思索了片刻，便点头答应了，因为心里面还是觉得海波说得对，既然咱们都这么无聊了，索性出去上网找点儿乐子。

我就像一个复杂的矛盾体，一方面既担心自己考不上大学，另一方面又十分贪玩并对学习十分厌恶。很多时候，我常是给别人呈现一种“三分钟热度”的感觉，一些人总能看到我着急地学习，着急地向他们询问各类题目；可相反的是，他们却又能经常看到我在课堂上呼呼大睡，看到我嘻嘻哈哈地玩过一整天。

是的，他们看不懂我，有时候，我自己也不知道自己到底该干什么。

担忧，迷茫，放纵。

下午第三节课，政治课，觉得百般无聊的我正趴在课桌上悠闲地看着小说。不，不对，不单纯是看小说，我告诉自己也要认真学习，所以我一边看仙侠小说一边在读政治段落。当然，这种一心二用的学习方式是很蠢的，但在我想来，至少自己也能趁着玩耍时多记几个概念，这样那颗担忧繁杂的心也能得到些许慰藉。

其实，我明白我只是在骗自己。

"林木，出去一下，有人找你。"忽然，政治老师那洪亮的嗓音把我从仙侠幻境中轰回了现实世界。

如同丈二和尚摸不着头脑，我呆愣地从座位上站了起来，一脸迷茫地望着政治老师。

他皱着眉头，斥道："没听到吗？我说快出去，教室外有人在找你……那个，同学们，接下来我们要讲的是第七章，翻开课本第78页……"

我被他的语气搞得有些不爽，冷哼一声，狠狠地盖上书本，就冲了出去。

走出教室，一个消瘦的背影出现在我的眼前，那正是我们班主任——历史老师陈老师。

"难道他知道我今天晚上要翻墙出去上网？"我心里有种莫名的

忐忑。

似乎是察觉到我来了，他缓缓转过身，那张如同弥勒佛般的笑脸正对着我，嗓音浑厚道："你家里人找你。"

"我家里找我？"只是短短一句话却令我迷惑不已。

到底是发生什么事了？因为自己读的是通学，每天晚上都可以回家睡觉，所以除了紧急事件外，我家人是不会托班主任来找我的。

"你妈告诉我，说你爷爷突然病倒了。"

班主任的话如同晴天霹雳，当时，我的大脑就像被人突然挖空了一样，整个人呆在原地，一时间手足无措。因为爷爷已经八十九岁高龄了，虽然平常身体看上去还不错，但年纪实在过高，身体抵抗力也很弱，所以稍有不慎，就会带来极其严重的后果。

"我爷爷……爷爷……他……他到底怎么了？"我说话变得有点语无伦次。

"我不是太清楚，这个给你，这是请假单，我已经帮你开好了，你等下交给门卫就可以出去了，你妈妈告诉我，说你爷爷现在在第一人民医院。"

我接过班主任写好的请假条，不顾一切地朝外面冲去。

"别跑太快了！过马路时注意安全！"班主任的声音在我脑后响起，可是我此时又怎能顾得了那么多。

因为我小时候父母都在外面打工，所以我的童年和少年都是在爷爷奶奶的关爱庇护下度过的，他们二老无微不至地照顾我直到今天。记得小时候，每当我受了委屈，我的奶奶就会把我抱在怀里，一边抚摸着我的头，一边耐心地安慰我；而我的爷爷，总会在我哭得最凶的时候，从手里变出几个新玩具，然后放到我的小手掌里，他不但会用道具给我变戏法，还会给我讲各种各样有意思的小故事。

无论是什么时候，他们都会陪伴在我的身边，爱我、照顾我、包容我，是爷爷和奶奶，让我的童年充满了欢乐与笑声，无悔无憾。

现在，听到爷爷病倒了的消息，我心急如焚，我无法想象爷爷这般高龄是因为什么而被送进医院，更不敢想象爷爷究竟会怎样。

等我来到医院时，发现母亲早已等候在大门外，看到我的出现，原本浮现在她脸上的愁容瞬间消失了不少。

"你来了，走吧，你爷爷现在在三楼。"她的声音并不是很平稳，我能感觉到她一直在努力控制着自己的情绪。

"爷爷到底怎么了？"我跟在母亲的身后，来到了爷爷的病房外。

这时，我才猛然发现，我们家几乎所有的亲戚都过来了，他们都站在病房外，每一个人的表情都显得十分沉重，没有人说话。

我母亲推开病房门，把我送了进去。房间里，除了我的父亲、姑姑和奶奶外，就只剩下一个人，一个躺在床上的老人。

当我进去的时候，父亲他们三人则起身走了出去，经过我身边时，我奶奶似乎有什么话想跟我说，她扯了扯我的衣袖，可是最后她还是忍住了。

"你爷爷有话跟你说。"我爸在出去时对我说道。

我整个人都是蒙的，望着躺在病床上面色不好的爷爷，一时间不知道该说些什么。

“木崽，你来了。”我爷爷从病床上坐了起来，主动跟我说道。

“爷爷，您……您没事吧？”我赶忙坐到他身旁，紧紧地握住他那两只枯瘦的手掌，生怕他会突然离开我。

“没事，小毛病而已，别担心。”他笑着说道。

“爷爷，您到底怎么了？”

“木崽，别担心啦，你爷爷我还能撑些年，不会那么快死的。别忘了，我可是要亲眼看着我家木崽考上个好大学，然后找到好工作，娶个好姑娘呢。不过啊，之前那帮老家伙，总是在我面前炫耀自己的孙子成绩有多好，哼，不就是个二本吗？我现在才不跟他们比，我家木崽虽然成绩不太好，但是以他的聪明才智，只要稍微努点力，就能考个好大学了，到时候，等木崽你拿到一本大学的通知书，我也跟那群老家伙炫耀去，解解以前受的气，哈哈。”爷爷他笑着说道，可话音还未落，他就开始剧烈咳嗽起来。

我一边轻拍着他瘦弱的背脊，一边着急道：“爷爷……”

“没事，没事，不用担心我。唉，你爸妈也是，我都说了你学习任务重，没多久就要高考了，他们还硬是要把你从学校叫回来，真耽误了我家木崽考大学，我可是要骂死他们的。”

听到爷爷这么说，我突然变得极度自愧，回想起自己在学校犯下的种种恶事，我一时间竟不敢用眼睛看他。

“爷爷，我……我……”

他伸出枯瘦的手，像儿时般抚摸着我的头，笑道：“木崽，没事，有爷爷在呢，你努力了就好，爷爷才不是一个喜欢跟人家攀比的人呢，只要木岢好，爷爷就好。"

我低下头，鼻子酸得厉害。

"过几天爷爷就要被接去你叔叔那里治病了，在很远很远的地方，要坐好久的飞机……爷爷很舍不得木岢，可是爷爷想早点好起来，想早点回家帮木岢的忙……木岢，你不要怪爷爷……爷爷真的舍不得你……木岢，等我回来的时候，你就应该是一个大学生了吧……木岢，你一定要想爷爷，多给爷爷打电话……"

那一刻，再也止不住的泪水从我的眼眶汹涌流出。

那一刻，我第一次开始痛恨我对青春的荒废。

那一刻，我在心中发誓，绝对要考上大学。

黑发不知勤学早，白首方悔读书迟。——颜真卿

来自英语的折磨

三天后，奶奶送爷爷去了北京的叔叔家，爷爷这一去，就要一年。

"绝不能让爷爷奶奶失望！"

我紧握着笔，咬紧牙关努力地在英语试卷上填写着答案，可能对大部分人来说，做一张英语试卷是很容易的事，可对于十分厌恶英语的我，想要认真并且完整地做完一张英语试卷，无疑是一种痛苦的煎熬。

如坐针毡。

面对一个又一个看不懂的单词，面对那几乎要把你信心摧残殆尽

的长篇文章，我的内心越来越急躁，整个人也愈感烦闷，总觉得有一股莫名的火气积郁在胸腔内，难受无比。

锐利的笔尖终于无法忍受这种煎熬，瞬间爆发，狠狠地划破了干净的试卷。

"做不出，做不出，做不出……"两只手死死地扣着头皮，望着眼前那张犹如天书般的英语试卷，我近乎烦至癫狂。

试卷冰冷地躺在桌面上，我看着它，它看着我，我似乎听到它在用一种蔑视的口气耻笑我。

"你就是个垃圾！"

"连一张试卷都做不完，你还想逆袭？"

"别做了，只顾玩就是，反正你也考不上大学的。"

我就像一个从战场上败下阵来的逃兵，深感耻辱，充满惭愧，虽心有杀敌之梦，却高估了自己的实力，面对那过于强大的对手，几乎没有任何反抗的能力，只得被无情羞辱和践踏。

"怎么办？怎么办？怎么办……"

我抱着头，一种异样的恐慌感席卷全身。

"小木，你小子怎么了？"一旁，海波似乎发现了我的不对劲儿。

"你知道吗？我一道英语题目都不会做，一个都不会做……"我呆呆地望着他，一字一句说道。

"怎么？改头换面？重新做人？"海波挑了挑眉毛，一脸鄙夷的表情。

"我不是开玩笑，我是真的要努力学习了，可是……"

"可是什么？"

"我想先从我最薄弱的英语开始学起，可是现在的我连一道题目都做不出，那么多听力、阅读、作文……我时间已经不多了，怎么办，我到底该怎么办？"我变得越来越急躁，连说话也毫无条理。

我渴望考上大学，渴望考上重点本科，我想让我的家人因为我而骄傲自豪。

可是，现在的我……拿什么去渴望？

"小木，看你这痛苦的样子，我也怪难受的，虽然吧，我学习不好而且还贪玩，但是呢，既然身边好兄弟要走正道，我无论如何也是要支持的，话说，你英语不好，怎么就不试着去找老师看看？"

一语惊醒梦中人。

"对，我还可以找老师啊。"我立马就站起身，仿佛看到救命稻草一般，抱着英语试卷就朝教室门口跑去。

"等等……"我突然踩了个急刹车。

"怎么？"海波望着回过头的我，一脸不解。

"你觉得英语老师愿意教我吗？毕竟我可是经常在他的课堂上捣乱，以前也不喜欢听他的课。"

"大胆地去吧，你这人，想要好成绩，脸皮要是再不厚点儿，那可是真考不上大学了。"

我点了点头，径直跑到了英语办公室，然后静悄悄地走到英语老师的办公桌旁。

看样子，英语老师似乎在批改作业，第一时间他并没有发现我的存在。

"那个……刘老师……"我最终还是支支吾吾地先开了口。

听到声音后，他抬起了头，见到是我，似乎略感吃惊。

"林木？你找我有什么事吗？"

我有点不好意思开口，但却不得不开口，正如海波所说，现在的我已经没有路可以选了。

"我想要学好英语。"

刘老师挑了挑眉头，一脸不敢相信地望着我："你想要学好英语？"

我点了点头，说："是的。"

"既然想要学好英语，为什么高一高二从来就不听课？为什么从不做作业？为什么从不把英语放在心上？"

似乎回忆起了我以前犯下的种种恶行，刘老师的语气瞬间变得严厉起来。

"对不起，老师，我是真的知错了，请你帮帮我。"我低下头，像个犯了错的孩子。

若是在以前，我根本不会这样，哪怕你训得再凶，哪怕你是为我好，只要我心里不认可不接受的东西，我是绝不会听的，就算强迫我听，我也会摆出一副吊儿郎当的样子，对你不理不睬。

刘老师似乎发现了我的转变，看我表现得与平常完全相反，而且认错态度积极，也没有跟他顶嘴，他仅仅是稍微说了几句就没有再训下去。

"是真的想学好英语？"他问。

"是的，我一定要学好英语。"

"好，我问你，你觉得你现在英语水平如何，一张一百五十分的试卷，不作弊的情况下，全凭自己的本事，你觉得你能答多少分？"

我刚才恰好做了一张试卷，虽然没做完，但是我也十分清楚自己的英语水平。

"60分……可能还达不到……"说出这句话的时候，我有些羞愧。

"好，我大概明白了，好了，你可以走了，去记单词吧。"

走？

我有些没听懂刘老师的话，不解道："老师，我真的想学好英语，你能不能教教我一些学习方法……"

"我说了，去记单词。"

他说得很认真，表情严肃，不太像是在跟我开玩笑。

"可是……我应该怎么记单词啊？"当时的我，就像个傻子，不经思考就把心里的话给说了出来。

刘老师突然笑了笑，望着满脸愁容的我，摇头道："你呀，真是像热锅上的一只蚂蚁，急得什么也不知道了。好了，你先坐下吧，看得出你是真的想好好学，这样，我简单跟你说一下，你该怎么记单词。"

我疯狂地点着头："谢谢，谢谢老师！"

"为什么我要你记单词，这是因为所有的英语试卷都是由一个一个单词组成的，没有这些单词，也就没有所谓的英语句子，根据你自己对自己的评估，再加上我对你这两年的了解，你的英语水平估计还停留在初中阶段，换句话说，就是烂得不行。"

我深深地低下了头，羞愧道："对不起……"

刘老师并没有再对我的行为多说些什么，他从旁边拿了一张椅子，叫我坐下，并从抽屉里拿出一张草稿纸和一支笔，然后用笔在纸上写下了三个词语。

重复，联想，智用。

"这么跟你说吧，单词记忆是个长期重复的艰苦过程，在这上面，你永远也无法一口气吃成一个胖子，你越心急越气躁，就有越可能做不好这个事情。或许你有时候突然来了三分钟热度，想要学好英语，想要记好单词，好，你坚持记忆了一天、三天、一周，甚至一个月，可要知道记英语单词的过程是很枯燥的，它会慢慢地让人失去兴趣，很多人一旦最初的热情消退后，就再也没有动力去记哪怕一个单词了，这时候失败也就成了必然。"

"当然死记硬背也是不好的，那些事倍功半的死方法我就不跟你说了，更不劝你去做。我教了几十年的书，看过不少学生，他们非常努力，每天就抱着本单词书在那里记单词，每次考默写的时候，都能拿很高的分数，但真到了考试做阅读的时候，就不知道该怎么下笔了。原因是什么？就是他们都是通过死记硬背去记单词的，而考试时阅读文章里的单词都是活的，有时候你虽然知道这个单词是什么意思，可你就是不知道该写在哪里，不知道该怎么去智用它，这样一来，你会发现你花了大工夫去记单词，到头来英语成绩却没有明显的提高。"

我点了点头，细细思考着刘老师所说的话。

"你看我这里写了三个词，重复、联想、智用。"

"第一是重复。很简单，重复就是来回地背单词，日复一日年复一年地去背诵单词，在学习新单词的基础上去熟透原来学过的单词。具体做法很简单，就是合理地打乱单词背诵的顺序，不让自己形成机械的背诵模式，灵活智慧地去背诵单词。比如经常把背诵过的英语单词拿出来进行滚动复习，或者和同桌小组一起互相进行默写检测……方法有很多，但最根本的问题是你要经得起磨，耐得住寂寞，这个过程会非常煎熬，尤其对一无所知的你来说，你真的准备好了么？"

我咬着牙关，狠狠地点了点头。

"第二是联想。所谓联想，顾名思义，就是拒绝孤立地去背诵单词。在你背诵单词的时候，不能只看这个单词的汉语意思，我为什么说一些同学虽然很努力地去记单词了，但是考试成绩大多不太理想，原因就出在这。你真的要去记一个单词，需要多方面去考虑，尤其那些经常在考试中出现的重点难点单词，你不但要弄清楚它们的音义形，你还要知道这个单词有哪些词性。它有哪些固定搭配？它多用于怎样的语境？它又能给做题人带来怎样的陷阱？这些都是你需要考虑的。当然，如果你背单词时能做到这个层面，那对你的英语提升会非常大，不过这个会花很多时间，而且你所需要的学习量也会成倍地增加。"

"第三点，智用。根据我这么多年的教书经验，会智用方法的学生，无一不是英语成绩拔尖的佼佼者。这一部分的学习者，他们早已脱离了单纯为考试而学习的目的，也不再把英语当成一门纯粹的考试。简单来说，就是他们已经爱上了英语这门语言，或者说他们能灵活地运用这门语言了。还记得老生常谈的一句话吗？一个中国学生如果在英国好好地生活一年，那么回国后，他的英语水平将会比一些英语老师还要好。智用的意思就是运用智慧去学习英语，不再用老套死板的学习方法，而是灵活地结合听、说、读、写四大方法，依据对自身天赋的了解，有针对性地有主次地去学习。比如，有些人喜欢通过背诵谚语、背诵名人演讲词来增强自己的英语实力；有些人则喜欢写英语邮件，和外国友人在网络上相互交流。这些都是智用英语的方法。你可要知道，课堂上所学的知识只能让你的水平达到良好，想要成为优秀，还需课下的努力。当然，如果你连良好都达不到，就不要去奢望优秀了。其实，只有好好听课，才能让你的水平达到良好，而这也是走向优秀的第一步。"

醍醐灌顶。

刘老师所说的话在我的脑海里回荡。

我呆愣在原地，一时还回不过神，脑子里信息量爆炸，真是想不到，连最基础的记单词都有这么多的讲究。

"好了，还有不到三分钟就要上课了，快回去吧。记住，上课要好好听讲，既然你想好好读书，就要拿出行动来。"他拍了拍我的肩膀，微笑道。

"遵命！"我对刘老师敬了个礼，一溜烟儿地跑出了办公室。

我明白，接下来的日子里，背单词将成为一项艰巨的日常任务。

不过，我相信，千里之行始于足下，不管这条路有多艰难，我也要咬着牙走下去！

古之立大事者，不惟有超世之才，亦必有坚忍不拔之志。

——苏轼

绞尽脑汁，激战英语

星期二，英语晨读。

望着英语书上一个又一个复杂难懂的语句，数着一个又一个让我头脑发昏的陌生字词，我痛苦地抠着头皮，繁乱的发丝在指间乱窜，耳边尽是机械而又生硬的读书声，我心中渐渐升起一股抑闷之气，难以咽下，却又无从发泄。

我情绪失控地一头砸在坚硬的课桌上，顿时，额头处感到疼痛不已。

眼前，崭新的英语课本仿佛挤着一张讥讽的笑脸，它嘲笑着我，大肆嘲笑着我的无能，嘲笑着我的弱小。

这26个字母，只有在它们单独出现的时候，我才能拍着胸脯说：我会英语！

其余时候，我只有被它虐得体无完肤的份儿。即便如此，我却仍旧无法拒绝它，只能默默地承受这种精神上的摧残。

无奈，我实在啃不进英语课本，只得拿起一旁的历史课本。

从上高中以来，我的英语单科分数就从没上过65分，对于总分150分的英语来说，65分甚至连及格都算不上，而单单一门英语，就把我牢牢束缚在全班倒数十名以内。相比之下，我最好的科目是历史，因为这是我当时唯一折合分数能上80的科目，虽然80分在许多学霸面前并不怎么厉害，但这门课程稍微看得过去的成绩却一直苦苦地支撑着我的信念。

背诵完历史资料，痛苦地熬过早自习后，我托朋友去食堂给我带了一份早餐，而我则坐在教室里，眼前是厚重的一叠英语试卷。

我心里十分清楚，即使自己再怎么讨厌英语，只要我还想参加高考，那么我就不能够逃避，只能硬着头皮迎难而上！

我深吸一口气，拿起笔，紧咬牙关，一头扎入茫茫题海当中。

面对复杂难懂的英语试题，我简直快要疯了，好不容易建立起来的微弱自信立刻被无数道难题摧毁殆尽。

面对英语这道望不见顶的高墙，我发现自己依靠蛮力短时间内是注定无法翻越了，只能是借助外力，而我将要抓住的救命稻草，就是我们学校的传奇人物。

每个学校都有那么几个特别突出的学习优等生，他们是老师口中的栋梁，是同学眼里的佼佼者，他们每一次从考场出来，就像从战场上凯旋的将军，总是那么光彩照人、满面春风。

我的身边就有一个，他不但是学校里的主角，也是我的挚友，我们从小玩到大，一起哭、一起笑，可以说是真正能交心的朋友，他叫吕文。

吕文个子不高，一米六不到，可就像潘长江大叔说的，浓缩就是精华，吕文小小的身体里却拥有着超出常人的恐怖智力，尤其是他的记忆能力，简直超群，在我们学校，论记忆，他排第二，就没人敢排第一。

学习这种"小事"，似乎他从来没操心过。

你敢在高三冲刺阶段别人认真复习的时候，每天拿本课外杂志不急不躁、悠然自得吗？

你能高考前一个月每天放学跑去打球吗？

你能在每天中午别人抓紧时间争取做一两道题目的时候，特意请假偷着跑回家睡大觉吗？

这些，只不过是吕文日常的真实写照。

他就是这样一个贪玩而随性的人，尽管学习上看着毫不在意，可他却依旧取得第一、二、三次全市模拟考前十的优秀名次，成为全校传奇，当然，这些都是后话了。

其实，我高三的时候很少跑到一楼培优班去，说真的，当时的培优班对我来说就像圣地，我这种闲杂人等连入内的资格都没有。

每次我都是在门口叫吕文出来。好吧，我承认我有点畏惧。畏惧什么？可能是成绩吧。我觉得里面的人，都是学校最顶尖的那一群人，自己和他们差距实在太大，所以我才不敢。

我站在门口小声地叫着吕文的名字，吕文正在边看书边吃泡面，看到我来了，马上放下泡面，笑着走了出来。

吕文靠在墙边，问我："怎么啦？难得见你下楼来，是不是准备周末找我打球？"

我挠了挠头，直言说："没有，不是打球，我可没时间去打球了。找你有正事呢，最近十分迷茫，想找你寻求一点学习经验。"

"哟，浪子回头了？说吧，什么方面？看我能不能帮上你。"吕文笑着说道。

文综和英语是他比较拿手的，英语方面，他的阅读与听力的正确率已经达到了恐怖的百分之九十，无数次月考英语单科成绩高达130分+；文科综合更是我们学校稳固的霸主，尤其是政治，高三学生近一千人，他从始至终没掉下过前三，曾经以六个月月考政治单科第一的成绩傲视群雄！

他听了我的诉求后摇了摇头，苦笑道："其实吧，英语的秘诀没什么，就是多读多写多听，我大部分方法对你来说不适用。"

"为什么不适用？我脑子不行么？"

"不是这样的，而是我的方法对你来说实在太难了。这样吧，如果你的英语分数能达到一百分以上，那你可以尝试一下我的这种训练方式。"

"一百分？"对于英语平均分只有六七十分的我，这无疑是一个难以跨越的鸿沟。

"做完形填空时，遮住所有的单词选项。意思就是你真正在做'填空'题，而不是四选一的选择题，按照你对全文上下的逻辑分析和单词能力去判断自己要填什么单词，然后大胆地写下来。开始不要怕错，我记得我第一次试这种方法时，二十个就对了一个，很打击人的，后面习惯这种打击就好了，再咬牙坚持下，总有一天会轮到你去打击题目。这种方法不仅能让你的分析能力大大提升，而且也能大幅提高你的词汇量，可谓一举两得。

"不过，我的建议还是等你英语分数上一百分再用这种方法，不然得不偿失。"

"吕文，我问你，是不是只要我用了这种方法，而且我的正确率还很高的话，那么我的英语成绩就会变好啊。"走捷径的想法一直在我的脑海里挥之不去，对我来说，如果能轻松而又迅速地把英语学好，那是最好不过了。

"只要你的正确率能达到一半，我敢保证你的英语绝对能上一百二十分。"

"真的？不骗我？"

我有点不敢置信，就是这么一个听上去十分简单的英语练习方法竟然能让我的英语分数上一百二十分？如果真能这样的话，我就算是不吃不喝也得苦练把正确率提上去啊！

吕文点了点头："真的，不骗你。"

"好嘞！吕文真是多谢你啦！"

"好了，时间不早了，快些上楼吧，等会上课就迟到了。"

"谢谢！"跟吕文道别之后我就马不停蹄地回到了自己班上。

回到座位上，我第一件事就是找本英语练习册，按照吕文的方法尝试下完形填空。

我的英语完形填空有很大的问题，正确率低得可怜，而完形填空在我们省所占的分数比重很大，正是如此，所以我才决定咬着牙攻下这座大山。

我用一个本子把题目底下的选项全部遮住，然后在胸口画了个十字，喊了声"上帝保佑"就开始做了起来。

过了二十多分钟，我满怀期待地对完答案，然后……好吧，我承认，一个都没对，所有题全错！

看了答案解析，我猛然发现我竟然连文章的基本内容都理解错了！

看着满版的红色叉叉，我顿时陷入了深深的沮丧之中。

"不行，不能这样，我得坚持，吕文说过，开始总会有一点小挫折的，这并不是我退缩的理由！加油！"我又从桌子上爬了起来，拿起笔，准备再做一套试卷。

这一次，我静下心来，一个词、一句话地仔细去揣摩整篇文章，不再追求速度，认真而细致地联系整篇阅读文章，试图从文中去找出空白处需要填写的答案。

一篇短短的完形填空，我却花费了近一个小时，看着试卷上满版的勾勾画画，我擦了擦额头上的汗水，欣慰地笑了笑，拿起答案的那一刹那，我心想：这次，我可是拿出了百分之一百二十的细心和努力，就算正确率达不到百分之五十，那至少也会对上一些吧。

自负者总是输给自己，它们总是以为数月的临阵磨枪就足以上阵与那些身经百战的勇士们抗衡，殊不知，曾经让它们作为炫耀资本的努力与汗水，对真正的勇士来说，是多么微不足道。

对完答案的那一刻，我整个人蒙在位子上，因为，我的卷子上，依旧是一片瘆人的红叉。

全错，我又全错了！

不经一番寒彻骨，怎得梅花扑鼻香。——黄檗禅师《上堂开示颂》

英语之国，单词为王

我无法相信眼前的这个事实，我无法去相信如此认真努力的我却仍旧败得一塌糊涂。

"可能是我英语底子太薄弱，只要多做几篇，我的正确率就会提高了，加油加油。"我不甘心，继续鼓励自己，同时，继续拿起了英语试卷，丝毫不管接下来的课程是一节数学课。

接下来的一天里，我变得有些疯狂，除了几节重要的课，其余时间我都陷在了英语试卷里。

尽管如此，我的正确率依旧是零！

回家的路上，我整个人都迷迷糊糊的，这一个星期我总共做了近90篇完形填空，每天将近15篇的量，可做了那么多题，情况却没有任何好转，错误率竟是高达95%以上，除去一些凑巧蒙对的题目，我可以说是一个题也不会做。

"欸，怎么啦？怎么你这样无精打采的？"这时，我的身后传来了熟悉的声音。

"吕文，是你啊。"我回过头，看到吕文跟另一个学生走在一起，我有气无力地回应着。

"吕文，你确定你的方法是对的吗？我做英语做得好痛苦啊！"我抓住他，犹如抓住了一根救命稻草。

"怎么了？"他一脸迷惑地望着我。

我把这几天的惨痛经历一五一十地告诉他，顺带抱怨了一番。

哪想到，我一说完这话，吕文跟他的同学都笑了起来。

吕文笑道："你啊，我都跟你说了，还没有那个基础，怎么能急功近利呢，错这么多是理所当然的。"

"那我该怎么办？"

我陷入了深深的迷茫之中，喃喃道："难道我的英语真的要放弃了吗？"

"别灰心啊，有些东西，像学习，是不能够一蹴而就的。每个人都有适合自己的方法。而且，有些方法对别人来说是垫脚石，对于你来说可能就成了阻碍你前进的绊脚石了。"吕文认真地说道。

"那怎么办！离高考并没有多少时间了，我现在的英语成绩还是这么一塌糊涂！"

吕文拍了拍我的肩膀，说道："正好，我旁边这个可是英语大神，在培优班里英语水平都是数一数二的呢！让他教教你！"

这时，吕文旁边那个戴着黑框眼镜的瘦弱男生对我友好地笑了笑，说："你好，我叫康凯。"

"康凯？就是那个代表学校去省里参加英语大赛还拿下金牌的大神？"听到这个名字，我整个人都兴奋了起来。

"不敢当，不敢当……那次拿奖只是走了好运而已。"康凯腼腆地笑了笑。

"得，你们俩就别搞这种虚的了，直接上正题吧！"吕文说道。

"康凯，你的英语为什么那么好呢？有什么诀窍没？我现在英语有很大的问题，我怎样才能有效而迅速地提高我的英语成绩？"

康凯思索了会儿，说道："对我来说，想要学好高中英语，只需要掌握三个字——词汇量。"

"词汇量？"我惊讶地问道。

"是的，若是把英语比作一栋高楼大厦，那么词汇就是筑造起这栋高楼的砖块，只要你的词汇量够大，哪怕你不会语法，你也能在考试中取得较高的分数。"

"的确，康凯说得有道理。"吕文在一旁点头说道。

"那对于记单词你有什么好的方法吗？"我问道。

"你应该知道艾宾浩斯遗忘曲线吧？"

"嗯，知道啊，这跟记单词有啥关系？"我不解地说道。

　　康凯说："首先，你先要有一本英语单词手册，然后按照页数把这本单词书分为30到40个List……然后按照我的方法去做：第一，你先拿本子记着几个比较重要的记忆点。"

　　我连忙从书包里拿出本子跟笔，准备好好记下来。

　　"以5分钟、30分钟、12小时、1天、2天、4天、7天、15天为记忆点，以记忆点为单位进行反复记忆。"

　　"等等，我有点糊涂，到底什么意思啊？"我非常迷惑地问道。

　　"听起来可能是有点麻烦，我举个例子给你听好了。假设说你现在的List1是单词A到Adopt，这里大概有几十个单词，你用二十分钟左右详细记忆一遍，然后觉得自己记得差不多之后，在A单词那里写下具体的时间，比如几月几号几时几分，等五分钟后，你反过去又从A到Adopt开始记忆，等记忆完成，你就在单词Adopt那里写个5代表你完成了'5分钟'的重复记忆训练……接下来你就可以去做其他的事，不过，等到了30分钟，你需要再回过头记一遍A到Adopt……以此类推……"

　　"哦，原来是这样，就这么简单？"我高兴地说道。

　　"简单？这个方法我可用过，你是不知道到后面会有多辛苦，你还是太年轻啊，小木。记住，你不能只记一个List，因为那样的话就太容易了。"这个时候吕文插嘴道。

　　"啊？什么意思啊？"我抓耳挠腮地问道。

　　吕文瞟了我一眼，说："开始你会觉得很容易，不过到后面的话，需要记忆的单词数量会突然暴增的，不出一个月，你会发现你每一天将要复习几百个单词！"

"啊啊，那我怎么记得住！"我突然觉得自己无法做到。

康凯笑了笑，说："吕文，你就别吓他了。小木，我跟你说，只要你肯下功夫，你会发现你到后面复习会越来越简单的，因为大部分单词对你来说都烂熟于胸了。比如你第一次记需要记50个，等第二次复习的时候，因为你可能已经记住了25个，所以你只需去记25个；到了第三次，你可能已经记住了40个，所以你只需再记忆10个……所以越到后面的时候，你会发现很多需要记忆的单词都很熟悉了，你会感觉单词记得并不难，因为大部分单词你已经记住了，而且记得很牢……艾宾浩斯记忆法就是向我们充分说明了一个道理，学习要勤于复习，而且反复记忆次数越多，遗忘也就越慢。"

"但你要记住，万事开头难，前面一段时间，因为你所需要记忆的全都是新单词，量会非常大，你一定要坚持下来……另外，你可以合理灵活地安排记忆的时间，如果记忆时间和上课时间有冲突，你可以稍微推迟一会，等到课余再把时间利用起来……话就说这么多，前面那儿就到我家了，先回去了，你好好加油！"康凯说完后，先一步走开了；而吕文，也在不远处的路口跟我道了别。

"嗯嗯，小木，加油，你能行的！"我深呼吸一口气，给自己打气道。

回到家，我拿出了一个小本子，按照康凯的方法，给自己订了一个英语单词艾宾浩斯记忆表。

一、复习点的确定（根据艾宾浩斯记忆曲线制定）

1. 第一个记忆周期：5分钟

2. 第二个记忆周期：30分钟

3. 第三个记忆周期：12小时

4. 第四个记忆周期：1天

5. 第五个记忆周期：2天

6. 第六个记忆周期：4天

7. 第七个记忆周期：7天

8. 第八个记忆周期：15天

二、背诵方法

1. 初记单词时需要记忆的内容

① 单词外观；② 单词的中文释义；③ 单词的记忆法

2. 每个List的具体背诵过程（每个List按12页，每页10个单词计）：

① 背完一页（大约5分钟），立即返回该页第一个单词开始复习（大约几十秒）

② 按上面方法背完1~6页（大约在30分钟），回到第1页开始复习（两三分钟）

③ 按上面同样方法背完7~12页，一个List结束

④ 相当于每个List被分为12个小的单元，每个小的单元自成一个复习系统；每6个小单元组成一个大单元，2个大单元各自成为一个复习系统。背一个List总共需要一小时左右的时间

3. 复习过程

① 复习方法：遮住中文释义，尽力回忆该单词的意思，几遍下来都记不住的单词可以做记号重点记忆

② 复习一个List所需的时间为20分钟以内

③ 当天的List最好在中午之前背完，大约12小时之后（最好睡觉前）复习当天所背的List

④ 在其后的1、2、4、7、15天后分别复习当日所背的List

三、复习计划

第1天 List1→2 *List1→2

第2天 List3→4 *List1→2 *List3→4

第3天 List5→6 *List3→4 *List5→6

第4天 List7→8 *List1→2 *List5→6 *List7→8

第5天 List9→10 *List3→4 *List7→8 *List9→10

第6天 List11→12 *List5→6 *List9→10 *List11→12

第7天 List13→14 *List7→8 *List11→12 *List13→14

第8天 List15→16 *List1→2 *List9→10 *List13→14 *List15→16

第9天 List17→18 *List3→4 *List11→12 *List15→16 *List17→18

第10天 List19→20 *List5→6 *List13→14 *List17→18 *List19→20

第11天 List21→22 *List7→8 *List15→16 *List19→20 *List21→22

第12天 List23→24 *List9→10 *List17→18 *List21→22

*List23→24

之后以此类推。

当我把整整两个月的单词背诵计划表制定完毕时，我的心中突然燃起了一股火焰，我紧握拳头，暗声承誓："一定，一定不让那些爱我的人失望！"

长风破浪会有时，直挂云帆济沧海。——李白

欣喜，英语终于合格了

晚自习上，我绞尽脑汁地做着一个又一个英语题目，因为基础实在太差，其他人用两个小时可以做完的试卷，我最快也得花上三个小时，而且做题的过程中，我整个人经常会感到相当的压抑与痛苦，尤其是当自己完全看不懂题目的时候，内心异常烦躁，更别提辛辛苦苦做完一张试卷后，验查答案时，满篇错误的绝望感。

为了防止自己坚持不下来，我写了一张纸条，把纸条粘在了桌子上，一旦我拿开桌上的书本或者试卷，我都会第一时间看到那张纸条，而纸条上写的是：

林木，如果你连这点苦也无法坚持下来，明天的你一定会为今天

的你感到羞耻与痛恨！

对一个英语基础十分差的学生来说，单词的释义与语法的运用简直犹如噩梦。很多时候，在一段短语当中，我会有无数个看不懂的陌生单词，如果这个时候不在考试，我会去翻词典；同样，如果对某种语法不懂，我也必须去找人帮助或者查阅资料，不然我根本无法明白这些句子的相关含义，看不懂语句就等于看不懂文章，看不懂文章也就表示我只能靠连蒙带猜去做阅读题目了，这样直接导致我根本没有正确率可言。

因此，为了克服这两大噩梦，我花了很多的功夫，除了每天夜以继日地背单词以外，我都会抽出一节晚自习的时间，用来学习英语语法。

英语给我带来的折磨是巨大的。每天晚上回到家，我几乎累得倒头就睡，虽然没有做体力劳动，可是身体却感到异常疲劳，手脚发软，一闭上眼睛，脑子里就会浮现出各种扭曲变形的题目，很是影响睡眠质量。而早上起来的时候，我会有严重的厌学反应，一整天的情绪都会变得消沉。

慢慢地，那段时间我变得不爱说话，整个人看上去也显得毫无活力，甚至是死气沉沉。久而久之，我周围的朋友与家人也看出了我的"不正常"，父母曾多次晚上想来房间找我谈心，可我每次都会以太累为由，早早关灯睡觉，不想理睬。在学校，几位好友也对我表达了不同程度的关心，但这种时候我都懒得应付，最多只是脸上笑笑、嘴上说句没事，整个人依旧苦不堪言。

　　那段日子，我真的很累很难受，可是却毫无办法去改变这种情况，只能不断地强迫自己接受。

　　归根结底，挫败感与厌恶感是导致这些负面情绪出现的两大因素。

　　我的英语基础很差，高一高二两年的英语课几乎都是玩过来的，所以，我想在短时间内把英语成绩赶上来其实是一件不可能的事。可明知不可能，我却又不得不花大功夫去学习。而在学习与考试的过程中，经常会遭遇各种各样的困难，甚至一败涂地，这种强烈的挫败感继而引发了我对英语的厌恶感，厌恶感又会影响到我学习的积极性，一旦情绪控制不住，一次小小的挫折对我的积极性都会有致命的打击。因为，这个时候我会觉得：为什么自己都这么努力了，但题目就是做不出来？为什么整天学得这么累，成绩还是那么差？难道是我智商的问题？

　　这样一来，英语上的挫败感又会使我产生更为强烈的厌恶感，所以在那段时间里，我变得意志消沉、心态失衡，似乎对身边任何东西都产生不了兴趣，感觉整个人都活得非常辛苦。

　　这种痛苦的日子持续了相当长的一段时间，直到有一天，我周末放假在家复习功课的时候，家里来了一位亲戚。

　　那个亲戚是我的堂哥，上海交大的硕士，我们家族中的骄傲，同时也是学校中品学兼优的典型代表。我曾听我父亲谈到过这位堂哥，说他大学四年所有学费与生活费都来源于各种奖学金，而在大三的时候，就已经确认被保送到上海交大进行硕博连读。每到过年的时候，我就能听到亲戚各种夸他，拿他做榜样，叫我们几个小的多向堂哥学习。

在堂哥面前，我简直就像个跳梁小丑，先别说考进上海交大那种著名学府了，我现在就是想考个二本都觉得比登天还难。所以，他来我们家，我一是觉得很意外，二是觉得很自卑，因为自己跟他的差距实在太大。

"小木，好久不见。"在客厅里，坐在沙发的堂哥站起来亲切地向我问好。

我礼貌地回应道："哥，好久不见。"

父亲坐在堂哥的旁边，整个人显得很高兴，看样子他很喜欢我堂哥，仔细想想，我们家族的长辈里，又有谁不喜欢我堂哥呢？

不止是学习方面的优异，堂哥在日常生活的方方面面也表现很好，简直就是个近乎没有缺点的人。

"爸、堂哥，我先回房间了，还有一些试卷没做完，你们慢慢聊。"我客套了两句话后，拖着疲倦的身子走回房间。

回到房间，我望着桌上试卷中那触目惊心的红叉，心情突然就变得低落起来。我叹了口气，感慨为什么自己就那么差劲，连学习都学不好，心想如果自己有堂哥一半的实力就好了，也就不会为了读大学的事发愁了。

我重重地叹了口气，趴在桌上，忧愁道："唉，真是人比人气死人！"

嘭嘭嘭！

这个时候，我的房门突然响了。

我无力回道："请进。"

"小木，是我。"

我回头望了一眼，幽幽道："堂哥啊，有什么事吗？"

堂哥笑了笑，走到我身边，说："怎么了，看你无精打采的，是不是遇到什么不顺心的事了？"

因为堂哥也只比我大几岁，平常自己与他的关系还算可以，加之堂哥在进房间的时候把房门关上了，这样父亲也不在旁边，所以我也就没对他表现出过多的客气，趴在桌子上，叹气道："还不是因为学习的事，搞得我整个人很烦躁。"

"怎么了？学习上出现了什么问题？"

"英语啊，我英语实在太差了，可是越差我就越不想学，越不想学就越差……唉，烦死了，现在又不得不学，学了还没啥成绩，想起来就闹心！"我把一股脑的抱怨全给吐了出来。

堂哥笑了笑，说："这样啊，很正常的，不是什么大不了的事。"

"还正常啊？我现在都快被逼疯了。"

堂哥摇了摇头，说："我教你一个方法就好了，保证有用，能很好地解决你现在所遇到的麻烦。"

我一脸质疑地望着他，说："什么方法？"

"每次当你在学习过程中出现负面情绪的时候，你就先停下来，深呼吸三口气，每次对自己说三句话。第一句是：放轻松，这没什么大不了的。第二句是：看看窗外，世界依旧那般美好。第三句是：加油，未来的自己会为现在的我感到骄傲。"

"堂哥，这有用吗？"我有点怀疑，这种心理暗示我又不是没有尝试过，自欺欺人，感觉没有多大作用。

"有没有用你以后试试就知道了。对了，你现在深呼吸，然后背一遍我刚才所提到的三句话。"

我叹了口气，说："你刚说的，这我还是能记住的。"

"放轻松，这没什么大不了的。"

"看看窗外，世界依旧那般美好。"

"加油，未来的自己会为现在的我感到骄傲。"

堂哥笑了笑，说："嗯，很不错，不愧是我弟，以后加油，你明年就要高考了吧？到时候我希望能听到你的好消息。"

我一想到自己堪忧的成绩就心感疲惫："唉，我会尽力的。"

第二天，我依旧活在消极之中，对世界没有一丁点的希望。晚自习的时候，我正在咬牙做一张英语试卷，有一篇阅读理解我看了几遍也无法看懂，这时，一股强烈的厌恶感由心而生，我突然产生了一种把手里的试卷给撕掉的想法。

"深呼吸三口气，对自己说三句话……"

不知怎么回事，这个时候我的脑海里突然想起了昨天堂哥跟我说过的话。

抱着死马当活马医的态度，或者是那股强烈的厌学感让我不想再把试卷进行下去，我深呼吸一口气，以一种无所谓的态度念出了第一句话。

"放轻松，这没什么大不了的。"

　　说完这句话后，我的心里突然有了一种想法：对啊，不就是几个题目做不出来嘛，有什么大不了的。这个世界上有多少人生活在水深火热之中，又有多少人被各种疾病所困扰，跟他们比起来，我这点困难又算得了什么？

　　"看看窗外，世界依旧那般美好。"

　　我下意识地转过头，望了眼窗外。

　　窗外，皓月邀着漫天繁星，竟是把整个天空点衬得美丽绝伦。

　　此时此刻，看到这种美景，我才发现原来只要留心观察，即使是在黑暗的地方，你也能发现独一无二的美景。

　　"加油，未来的自己会为现在的我感到骄傲。"

　　的确，如果我现在不努力的话，未来的我不但会痛恨现在的自己，还要为此背负最为痛苦的代价，就像我现在因为过去没好好学过英语而苦不堪言、后悔莫及一样，如果我还不努力奋斗，那么我将来一定还会后悔、还会痛苦的。

　　既然世界这么美好，既然这点小事不算什么，既然未来的自己会为我感到骄傲……我为什么要抑郁、为什么要退缩、为什么要放弃呢？

　　光明绽放，豁然开朗。

　　这时，当我再看向眼前的英语试卷，我变得不再烦闷、不再消极，反而是感到轻松与舒适，我重新拿起了笔，再一次投入到题海当中。

　　从那以后，我的精神状态开始逐渐恢复。

一个星期之后，一次英语模拟考试，我在没有作弊的情况下，按时地完成了试卷上所有的题目，而这次考试的结果在第二天就出来了。

81分。

虽然这个成绩对大部分人来说都是难以接受的，因为它连及格线都没有越过，但对于我来说，却是一个质的飞跃。

因为，从60分到80分，这是整整20分的进步。

我做到了！

黄沙百战穿金甲，不破楼兰终不还。——王昌龄

梦想与奋斗

　　有段时间，我在苦练数学，虽然我基础不算很好，但我认为自己的悟性还算不错，很多书上的例题做两遍就懂了。

　　我做数学试卷的时候养成了一个不良的习惯，就是把那些自认为很刁钻的难题，翻来覆去地做。我想只要我能攻克这些有挑战性的题目，那么简单题对我来说就轻而易举了。

　　可能是落差太大，英语上的我举步维艰，在数学方面的稍微得利，使我变得自负起来。

　　我甚至大言不惭："数学？给我一个月，我能学完三年的知识！"

　　我喜欢做数学题，因为我喜欢那种攻克它的感觉。

有天晚自习，有一个题目，我想破头皮也没想出来，问了旁边几个优等生，他们也没给出正确答案。

苦恼无比的我抬起头看到了坐在讲台上批作业的数学老师，我感觉希望就在前方，立马拿起习题，直接找了过去。

数学老师看到是我这个"差生"来问题目，表示很惊讶。他推了推眼镜，接过我的题目，看了几眼，皱眉道："你在做这种题？"

我点了点头。

他边解题，边跟我说道："我建议你先别碰这类题。"

我没说话，心里略感不爽。

我的数学老师对着那个刁钻的题目，左思右想，捣鼓了好一阵，草稿纸都用了几张，过了很久才给出答案。

他把解题过程跟答案递给我，摇了摇头，再次对我劝说道："你还是多做基础题，这种题你现在最好少做。"

我没把他的话放在心上，只是拿着那道题回到桌上，一门心思钻研起来。

结果，因为这道题实在太难，光老师的解题过程就有满满一页纸。为此，我花了整整两节晚自习的时间去消化这道题。

虽然时间投入成本很大，但当我自己做出这道题目的时候，我还是挺骄傲的。

毕竟，这么难的题都被我攻破了，要是那些容易的题，肯定随随便便就对了。

数学高分，手到擒来！

然而，现实却无情地给了我一个耳光。

太注重难题偏题的我，在一次数学考试上折戟沉沙，数道基础题的严重失利使得我即使做出了一道较为复杂的几何题，也无法改变89分的低分。

真是捡了芝麻丢了西瓜。

从那天起，我开始把学习重心从难题转移到基础题上，因为我是看了考试大纲才猛然发现，高考中基础题的比重竟然超过70%！

这意味着，只要我能把基础题全部拿下，150分的试卷，我至少也能上105分。

如果是750的总分，那么意味着我可以达到525分以上！这个分数，可比我现在的400多分要超出太多。

回想起那时候老师多次叮嘱的话语，我才明白那并不是啰唆，而都是为我好。

自习课上，我翻阅着手上的学习资料有些发怵，光套卷就将近九大本，更别提堆叠成山的资料书了。

以我现在的学习基础以及做题速度，真不知道干完这些活得到何年何月。

以前虚度光阴的时候，日子过得很是清闲，几乎每节课都是盯着时针、倒数秒钟等下课。现在，强行把自己推进了学海之中，生活虽说比以前充实，但有时候却也让人喘不过气来。

累，似乎已成为家常便饭。

我深吸两口气，给自己鼓了鼓劲，提起笔，埋头继续做了起来。

这时，有人用笔从旁边戳了戳我，我转过头，发现一脸无聊的海波，不禁问道："怎么？海波你有什么事吗？"

海波叹了口气，慵懒道："小木，问你哦，你人生的意义在哪里？"

我被海波这突如其来的问题问得有点发愣，仔细想想，我还真的没太考虑过这个问题。

人生的意义？

貌似很深奥的哲学命题。

"努力考大学吧。"我思索片刻，扔出了这句话。

说实话，我是真的不知道自己人生的意义是什么？但我清楚地知道现阶段，我需要拼着命地去学习。

"那考上了大学呢？"

我摇了摇头："不知道。"

我没想太远，真的不知道一旦考上了大学，我又该干些什么。

或许这也是很多大学生迷茫的问题吧。

记得曾经在论坛里看到一位来自清华大学的学生写的一句话："以前的梦想是考清华，考到清华之后，我发现我没有了梦想。"

当人生的目标消失了，人很容易坠入堕落的深渊。

我突然自嘲地笑了笑："以我现在的水平，连大学都不一定考得上。"

海波摇了摇头，一脸不屑地望着我："没梦想的男人。"

"那你的梦想是什么？"

他把头凑到我旁边来，神秘兮兮地说道："嘿，告诉你，我的梦想是以后当个大老板，很有钱的那种，我还要有个漂亮的老婆，有个听话的儿子，哈哈。"

说到这，海波有点得意地笑了起来，他似乎看到了二十年后的自己。

那天海波和我谈了很多，说他要如何如何去实现他的梦想，整整一节晚自习，我没有做题，一直在听他描述他的未来。

我记得同桌小小清的梦想是当一个大学教师，最好是能当上大学的教授。因为他说大学教师来去自由，工资还高，还有寒暑假。

不过，没多久，小小清的梦想就发生了质的变化，有一次他跟我闲聊时谈到，他想当政府高官。

我问他怎么不想当大学老师了。

那天，我从他的眼里看出了一种惆怅。

"小木。"海波又在叫我。

"怎么啦？"我问道。

"有个题不会做，一个政治计算题。"海波叹了口气。

"我看看。"我接过海波手上的习题本，看了两眼，发现这是一个关于通货膨胀率和货币贬值的关联问题。

对待这类经济学问题，按照吕文教的方法：记住他的公式，理解公式背后的含义，然后多做几个相似的题目，就可以了。

不过，话说得轻松，但真正执行起来却不是那么容易。

因为我自己也是半桶水的水平，所以只得硬着头皮，边看答案边跟海波讲解。

琢磨了很久，又解释了很久，海波才表示会做了。

他拿回习题本，突然再次问我："小木，你还没跟我说你长大了要干吗呢？"

"我长大了想干什么？"

我一时也不知道该怎么回答。

医生？律师？商人？

我一脸茫然地看了看海波，海波却一脸期待地看着我。

我又摇了摇头。

"不知道。"

海波失望地摇了摇头，不再说话。

我重重地叹了口气，不知该如何回答。

回到家，我趴在床上，回忆起今天海波问我的问题。

"我将来想干什么？"

记得6岁时，我梦想着成为一名科学家。

那时候，每天捣鼓着一些玩具的零件，听着大人们的夸奖，每天在幼儿园领着小红花，似乎梦想离自己很近。

12岁时，我想成为一名警察。

那段时间特迷奥特曼，觉得大丈夫能伸张正义是最了不起的事，每天在家跟着电视里面学武功，渴望有一天能派上用场。那时候觉得一身制服特酷，记得小学少先队宣誓的时候，握着小拳头的我对着金灿灿的太阳说：将来要做一名人民警察，报效祖国。

18岁时，我只是一名普普通通的高中生。

我的梦想是什么？

我躺在床上，单手高举，迷茫地盯着握紧的拳头。

"如果连大学都考不上，何来梦想！"

一道声音从我的耳边响起。

是啊，我连大学都考不上，连爷爷的愿望都实现不了，我又凭什么去追寻虚幻的梦想呢？

回想起以前那个小时候喜欢躲在奶奶背后，爱哭的自己；

回想起喜欢晚上偷偷踮着脚尖跑到妈妈床上，要妈妈讲故事给我听的自己；

回想起那时让爷爷不辞辛劳、冒着风雪给我买药的自己；

回想起没有自信就跑去找朋友们诉苦的自己；

回想起到现在还一事无成的自己……

我鼻子一酸，咬牙发誓："林木！不管你做什么，也要拼命去做到最好！不管在哪个阶段，你永远不能停息！为了不输给时代的浪潮！为了不让爱你的人哭泣！为了找回你失去的梦想！请你加油！"

我握紧了拳头，狠狠地砸在坚硬的墙上，疼痛感从手传遍全身，整个人一下清醒了许多。

我从床上猛地坐了起来，拿起了一支放在床头做作业的笔。

我咬着嘴唇，用力拍了拍脸，重新打开试卷，趁着还有些许的时间与精力，继续做起题目来。

路漫漫其修远兮，吾将上下而求索。——屈原《离骚》

题海战术，还是有的放矢？

周末，我在逛高考论坛的时候，看到一个话题讨论，因为自己最近在尝试一些新的学习方法，所以对这种有意义的讨论还挺感兴趣的。

讨论的话题为："是否运用题海战术""题海战术是否可取"，可能是我们在读书过程中都曾经自问过的两个问题。

中国古话有"书山有路勤为径，学海无涯苦作舟"之说，正是这种观念，让很多同学为了提高自己的成绩，奋不顾身地跳进了题海之中。也有的同学是因为看到身边同学"疯狂"地做题，害怕被超越太多，所以也被动地卷入了题海战术的旋涡之中。那么，题海战术是否对提升成绩有作用呢？为什么有的同学明明没怎么做题，但成绩就是格外优异，而另外一些同学虽然做了大量的习题，成绩却鲜有提高呢？

以下皆为论坛中的用户对题海战术进行的一些争论。

个人认为，题海战术是好的，因为不管如何，做题是学习过程中的必要过程，题做得越多，那么你所熟知的知识点和题型也就越多，到了考试时，一旦遇到做过的类似题型，你的准确率和速度比没做过的人要高上不少。另外，到了高三复习时期，大量做题会使你的题感和应试能力大幅提升，但千万不能为了做题而做题，要学会"错一反三"，学会"错不过三"。

我的意见是：无论你做题多少，一定要保证做过的习题你全掌握了，保证下次再遇到相同类型的题目能准确给出答案，否则，做过的习题仍旧大量出错，无法从根本上解决问题，这样一来，所谓的题海战术只会白白消耗着你的精力和时间，事倍功半，得不偿失。

先亮观点：我是个不支持题海战术的人。因为这种方法实在太原始太辛苦了，不但耗费做题人的时间和精力，而且会带来极大的心理负担，一旦学习者没有获得应有的成绩，他会潜意识里认为"是不是自己太蠢了，明明那么努力却依旧没有效果"，这种心理如果产生了，有时候会对学习者的积极性带来毁灭性的打击。

另外，题海战术大部分时候并不能让你无中生有，而只能锦上添花，意思就是这种战术很难解决那些你不懂或者难懂的问题。如果有一类题目你做错了，却不去反思为什么会做错，怎样才能不做错，而只是快速看完答案然后做下一个题，这样对你的水平并没有太大提升，下一次遇到类似问题，还是会做错的。我个人认为题海战术是用来提高熟练度的，这种方法其实无法从根本上提高学习者的思维水平。所以我个人不支持。

不对，不可以这么理解，我觉得题海战术有它的可取之处，黑格尔说过：存在即合理。这个世界上，并不是每个人都天赋异禀，更多的人想要有所成就，就只能通过后天的不懈努力与艰苦奋斗。当然，你可以认为题海战术是一种笨方法。的确，这种方法一些大神都不推荐，觉得事倍功半，可是对于很多人来说，题海战术是提高成绩最简单也是最朴实的方法。

我对题海战术有不一样的看法，很多人会觉得题海战术其实就是刻苦学习的一种表现，这种方法看上去的确很辛苦，但事实上呢？

记得我小时候有个很拼命的朋友，每天趴在桌上做试卷，不管上课下课，都一直在做着题目，老师经常在全班同学面前拿他做勤奋学生的典型，周围人都觉得他太用功了，甚至觉得他用功过头起了反作用，因为他考试的成绩并不好。老师和周围人却并没有因为他成绩不好而责备他，反倒是竭尽所能地安慰他、帮助他，他们都觉得我朋友已经尽力了，成绩不好是时运不好，所以才要多鼓励他、帮助他。可是只有我们几个玩得好的才知道，他并不是学习太拼，而是太会偷懒。

我有个高才生朋友曾谈及这种人：他们不想动脑子，只想如机器人一般，重复而无脑地做着流水线工作，安逸至死。

其他还有很多个例，他们都是每天辛辛苦苦地刷着题，几乎所有人都觉得他们已经足够努力、足够刻苦了，可就是成绩不好，这种人会不自觉地让周围人对他们产生同情与怜悯，大人们也不会因为他们成绩差而对其进行责备，反而会更加"疼爱"他们。

"他都已经这么努力了，上天还这么对他，真可怜。"这种话我听过很多了。

可是，这种人其实并不是勤奋，而是偷懒偷得太高超，懒得让人看不出来，懒得不想去思考怎么改变现状。

这样看来，所谓的题海战术真的可取吗？他会不会成为懒惰者高傲的挡箭牌呢？会不会成为失败者安逸的皇冠呢？

我同意楼上的话。的确，在我们读书时期，老师们都反复不断地强调一个"真理"，那就是过程比结果重要。他们天性就喜欢"踏实、刻苦"的学生，不喜欢"投机取巧、耍小聪明"的学生。我就有这种亲身经历，当年中考，我和另一位同学的分数一模一样，都达到了市里唯一一所重点高中的录取线，但名额有限，我们俩只能录取一个人，我是属于平常捣乱但学习不耽误的人，而那个同学是班里刻苦学习的典型。我最终因为体育成绩比他优异而被录取了，这之后，在毕业聚会上，我亲耳听到我班主任说，他认为这个机会更应该给那位同学。

上面的是不是跑题了？现在我们讨论的是题海战术的利弊啊！

有人既然问出了这个问题，应该是想要尝试题海战术吧。这么说吧，题海战术的优势就在于这种方法最简单，门槛最低，适用性最广，十分符合填鸭式教育。有的时候，即使学校环境、师资力量、教育配套设施……这些周边因素再怎么不好，题海战术也能有效地把你从泥潭中拖出来，前提是不把题海战术当做偷懒的技巧。当然，即使周边环境很好，你也要做题，就是做得少些，哈哈，不过做得少也就不算题海战术了。

所以，我觉得题海战术对那些教育环境不好的同学来说还是有其可取性的。

我个人觉得吧，无论是"守拙"的题海战术，还是那些大神口中所谓的"特效学习法"，归根结底还是看个人。正所谓因材施教，因地制宜。如果你本身学习就不好，做题量也少，但是却孜孜不倦地想去找捷径、找速成法，你说说看，一个连游泳都不会的人，却总是去学一些花式游泳的高级技巧，这样下去他能学会游泳吗？

基础不牢固就大谈策略，这无疑是最愚蠢的行为。

总而言之，我的建议是，如果你自身基础还行，脑瓜也较聪明，那么可以去学习策略运用方法。但那种学习本不好，没有过人智慧的人，题海战术可以算是最简单、最务实的学习方法了，"苦心人，天不负"嘛。

看了这么多，我说一句吧，我可以算是题海战术的受益者，我以前成绩很差的，通过一年的疯狂做题也算是考上了一所不错的大学。实话实说，题海战术并不是让你像机器人一样闷头做题，而是通过做题来提高你的应试技巧与学习方法。当你做题做得多了，只要稍微用点儿心，你就能从题海中发现许多"隐形"的规律，然后把这些规律提炼出来，加以改进，终就会成为你独一无二的学习方法。

我同意楼上的看法，题海战术的主要作用，是提高熟悉度。

题海战术不但可以明显提高做题的速度，也可以提高做题的正确率，更可以提高应试时的信心。在一定程度上，题海战术可以弥补某些天分的缺陷，所谓勤能补拙，笨鸟先飞，谁会忘了卖油翁的故事呢？

看了他们的争辩，我逐渐悟出了一个道理：不要盲目崇拜题海战术，也不要盲目排斥题海战术，只有自己去尝试了，才能知道究竟怎样的方法适合自己，既然背后没有聪明的翅膀，那就只能一步一步摸着石头过河，跬步不休，跛鳖千里。

我深呼吸一口气，关掉电脑，翻开了桌上的试卷，在试卷的角落处偷偷写下了一句话：脚踏实地地去读书，认真细致地去做题，不偷懒，不虚假，让自己沉溺在题山之上，遨游于知识海洋之中，去享受这美好的一切。

功名多向穷中立，祸患常从巧处生。——陆游

完败！我的期中考试！

时间如同白驹过隙，转眼间，我就迎来了步入高三的第一次大型考试——三校联合期中考试。

面对三天后即将到来的期中考试，我特意给自己制定了一个学习冲刺表，制定学习冲刺表的原因：一是怕自己在学习过程中因为没有合理的计划而产生迷惘，发生不知道该看些什么、为什么要看这些的消极情况；二是灵活地安排了这三天我需要复习的各科相关重点，争取在有限的时间内达到事半功倍的效果。

当时，我们正好已经结束了所有新课的进程，也就是说，我们高中生涯所需要学习的知识老师已经教完了，这次考试算得上是第一次

全面考查，不像以前考试那般只考学过的知识点，这次要考的内容是全部。因此，很多同学都把这次的考试当作是自己的炼金石，在检验自己水平的同时查漏补缺，及早发现问题。所以，这次考试对很多人来说战略意义极大。

我不断地检查着以前的错题本，把重点放在了数学与英语这两门令我头疼的科目上，其实我对这次考试真的抱着很大希望，有一种辛辛苦苦栽育的种子终于结果丰收的感觉。

"努力就有回报。"我一直认定这个理。

慢慢地，我停下手中划动的钢笔，脑海里开始浮想联翩，幻想着自己的排名从班上倒数十名一口气冲到前二十，幻想着同学们投来惊叹的目光，幻想着被大人们夸赞……不知道过了多久，直到下课铃声把我从虚幻中拉了回来。

我抬起头，四处望了望，即使是下课时间，班上的大部分同学依旧在俯头做题，丝毫没有为其所动。我深呼吸了两口气，在心底给自己鼓劲："加油，胜利的终点就在眼前。"

因为这次三校联合期中考试被老师们反反复复强调得太重要了，就连一向不把考试放眼里的海波都变得左手拿书、右手拿笔，把头埋在试卷里，一副愁眉苦脸的模样。

也许是面对试卷拿笔做题这种事，对于海波实在太困难了，没过一会儿，我就听到了他的哀号声。

"小木，这破卷子真是令我脑壳疼啊，虽然我压根儿看不懂试卷上的题目在说些什么，但是我就是觉得不爽，感觉这卷子在嘲笑我。"他挠着头皮，愤愤道。

"静下心来，静下心来，你越是烦它，它就越是嘲笑你。"我在一旁劝说道。

"真是够了！学习这种事真是够了！"海波像疯了般，用笔在试卷上到处乱画。

尖锐的笔尖在外力的压迫下，瞬间刺穿了薄弱的试卷。

海波望着眼前狼狈不堪的卷子，冷笑一声，趴在桌上睡了起来。

"欸，海波，起来吧，没几天就要期中考试了，还是抓紧时间复习一下吧。"我好言相劝。

"得，小木，你也别劝我，我是真不喜欢学习，人各有志，我的志向根本就不在学校，要不是家里逼着让我读书，我早就跑了，哪还会每天这么煎熬？"

海波一脸怨气，嘴角如镰刀般勾起，笑容显得十分冷酷。

听到海波这么说，我愣了片刻，我并不知道海波如此厌恶学习，他说话的口气里带着一种恨之入骨的感觉。我整个脑子突然短暂空白了数秒钟，海波的激烈言语不断地在我耳朵里重复，渐渐地，我的脑海里开始浮现起了过去的自己。

几个月前，我也如同海波一样，痛恨学校却又无可奈何，只能咬着牙熬日子，每天盼着下课，每周盼着周末，每学期盼着寒暑假，每时每刻盼着离开学校……或许是叛逆，或许是狂妄，那时的我始终觉得是学校限制了我的成长，限制了我的自由，限制了我追梦的权利，是它用成绩束缚住我，是它用名为高考的足铐禁锢了我，让我每天生活在水深火热之中，无法自拔。

我突然记起了一首诗："少年不识愁滋味，爱上层楼。爱上层楼，为赋新词强说愁。而今识尽愁滋味，欲说还休。欲说还休，却道天凉好个秋。"

如果不是那件事的发生，也许现在的我也和海波一样，根本不会考虑能不能考上大学，也不会去思考离开学校的自己能干些什么。当然，这个年纪的人，有几个会去认真思索未来的事？因为我们从小到大的生活早已被安排好了，从幼儿园、小学、初中到高中，这十几年的时间里，我们人生行进的轨道都已经被牢牢固定住了，大部分人都像一台埋头前进的小火车，只能沿着轨道朝目标行驶，不能逃脱，不能倒退，若是强行出轨，只会落得车毁人亡，被社会主流所抛弃。

我也不知道自己胡思乱想了多久，等到回过神时，一旁的海波早已睡着。

我望着他，仿佛看到了过去的自己，一时间百感交集。许久，才在内心深处默念道："其实，我也不知道该说些什么，每个人都有选择的权利，不过，现在的我是无法选择了。兄弟，不管如何，愿你将来一路坦荡。"

我重新拿起笔，打开一张试卷，调整好心态，一头扎了进去。

当人们在集中精力认真做一件事的时候，时间会从你身边悄然而迅速地溜过。

这天，期中考试如约而至。

吃早饭时，我特意在早餐店买了一根油条两个鸡蛋，这是我小时候每次在期末考试时，爷爷奶奶都会给我准备的"状元餐"，代表"一百分"的意思，是一种在考试前给自己加油鼓劲的方式。

因为这是一次全市性的重要考试，所以今天高三所有学生都不用跑早操，整个年级似乎都扎进了学习的海洋里。今天的早自习，你能明显地感觉到朗读背诵的声音特别大。

我跟其他人一样，眼睛狠盯着书本，上下嘴唇疯狂地拍合着，唾沫星子更是飞得四处都是，不过令我自己感到忐忑的是，虽然身体已经开启了正常的学习模式，但脑子跟内心却是一团乱麻，到后来我连之前自己读的是什么内容都无法记得。最后，我整个人活生生像一具失去灵魂的空壳，呆呆地坐在位子上，呆滞不语。

我不知道自己到底是紧张还是兴奋，或是有其他原因，反正我有一种强烈的不适感，以至于整个早自习过得浑浑噩噩，不知所措。

就连早自习下课了，每个同学开始收拾笔具赶赴规定的考场时，我还是呆坐在位子上，一动不动。

"要是这次我考进了全班前十五名，那么我岂不是一考之间就成为了学校的传奇人物？我会不会被别人视为天才？我能不能让那些放弃我的老师刮目相看？我一考成名后会不会被其他老师叫去传授经验？我……"

无数幻想再一次涌上心头，我暗笑了两声，不顾他人不解的眼神，收拾着纸笔就从位子上跑了出去。

不一会儿，我来到了考场，找到自己的位置坐下，望了眼黑板上的时钟，距离考试开始已经不到十分钟了，我感到越来越激动，原先那种迷惘和不适瞬间被兴奋感一冲而散。我开始迫不及待地想证明自己，开始急切地渴望获得成功。

不远处，监考老师正在拆解试卷袋，紧接着就是分发试卷。

当油墨味浓重的试卷发到我手里时，我那条握笔的手臂彻底发颤了，它开始止不住地颤抖，仿佛它将要书写的不是一张试卷，而是一段即将轰轰烈烈展开的传奇。

"努力就有收获，努力终会获得回报，努力的人总会被上天眷顾的……我会成功的，我会证明自己的……"

我的脑子里不断涌进各种积极的因素，以至于我突然觉得下一刻的自己就是人生赢家。

当考试铃声正式响起的那一刹那，我激动万分地拿起试卷，信心满满地去做第一个题目。

"简单！"内心一阵号叫。

我很容易地就把第一个题做了出来。

"简单！"

"简单！"

"简单……"

之后的两个小时里，我就像被人注入强烈的兴奋剂，手感与题感顺畅无比，即便有些题我根本不知道要选什么，但各种直觉与心里暗示都在告诉我：只要是我选的就不会错，只要我写的答案就一定能得高分。

当人拥有了某种狂热的自我肯定时，他就会歇斯底里地认定地球是围着他转的。

就这样，我在一种极端的情绪下，兴奋地度过了为期两天的期中考试。

尽管做数学试卷时，我有很多模棱两可的答案；尽管在做英语听力的时候，我每段对话只能听懂数个简单的单词；尽管在做文综大题的时候，我毫无逻辑，想到哪写到哪；尽管这样那样，我依然觉得这次考试我能考出一个好的成绩，一个令自己满意、令他人惊叹的成绩。

接下来的数天里，我像盼星星盼月亮似的，每天都盼着学校公布成绩，直到班主任把全班的成绩表贴在黑板上时，我彻底兴奋了。

下课时，我用力地挤进围观的人群，在密密麻麻的成绩表上一眼就找到了自己的名字。

姓名：林木。

总分：451分

排名：49名。

（二）

奋斗篇

他朝若遂凌云志，敢笑黄巢不丈夫。——宋江

振作！你需要站起来！
——如何在失败后迅速调整心态

看到我的考试成绩以后，我的脑子突然炸开了，仿佛被核弹夷平的土地，空荡无物。

我孤零零地站在人群中央，周围不断有人挤进和离开，这一短暂时间之内，我感觉世界似乎静止了，我的幻想、美梦、希望与憧憬，在一瞬间遭到了现实的猛烈冲击，它们宛如一堵脆弱的玻璃城墙，顷刻间四分五裂。整个世界，只剩下被失败笼罩的我。

我呆滞地走回了座位，僵硬地坐下，双手伏在桌上，失去骄傲的头颅无力地靠在课本上，双眼无神。

"小木，你怎么了？不舒服吗？"海波在一旁喊着我。

我并不知道该说些什么，或许，我连话也不想说。

这一天，海波找过我，我的同桌小小清也找过我，班上一些玩得好的都来找我说话，也许是他们看到我在桌子上一动不动趴了一天，觉得不正常，有点儿担心我。

虽然我知道他们是在关心我，可是我谁也不想理睬。

其实，我也想试图从低谷中爬起来，可是努力了几次之后，我发现自己根本无法做到。现在的我只想静静地、用个舒服的姿势趴在桌子上，不想看书，不想做卷子，不想管学习，只想安安静静看着时间一点一点地流逝。

被失败伤得粉身碎骨的我，半个身子已经陷进了人生的泥潭里，我奋力挣扎，却发现自己越陷越深。

仿佛失去魂魄，我整个人恍惚失神，对身边的所有事物都失去了兴趣。

整个周末，我如同脱线傀儡一般，大脑经常空白无意识，四肢更是乏然无力，整整两天，我就呆呆地躺在房间里，望着花白的天花板，呆滞如痴。

"为什么？明明已经那么努力了，可是最后却是这样的结果？"我不断地喃喃自语。

努力和回报难道不是对等的吗？

尽管离成绩公布之日已经过去了四五天，可是直到此时此刻，我还是无法接受这个残酷的结果。

"会不会是学校把我的分数算错了？哈哈，很有可能。"

我一次又一次地试图用谎言来麻痹自己，可是一次又一次倒在现实面前。

我像一具行尸走肉，恍惚失神地游走在学校，没有目的，没有希望。

"小木，不就是考砸了一次么，很正常的，你那么气馁干什么？这又不是高考？"一旁，小小清对我说道。

"我没有事。"我转过头，笑着回答。

"还说没有事，本来前段时间你那么努力的，自从那次考试过后，你突然一下就萎靡下来了，你就说你这段时间有没有认真做过一张试卷？"

我反问道："做试卷有意义吗？"

"肯定有啊，你只有努力去学习了，分数才会提高啊。"

"那为什么我辛辛苦苦两个月，成绩却没有一点进步呢？噢，不对，有进步，我现在是班上四十多名了，以前是五十多名的。"

"那不就行了！现在离高考还有八个月左右，两个月前进十名，八个月就是前进四十名啊，到高考时你就是全班前几名了！赶快，小木，赶快行动起来！"

我冷笑一声，道："小小清，你这是在把我当小孩子骗么？"

听到我这么说，小小清愣了一下，脸色一下就沉了下来，他似乎有点不开心，说："我这是为你好，我不想你就这么倒下了，明明只是一次小挫折。"

我心里其实知道小小清这是在关心我，希望我早日振作起来，可是我的内心却一直在抵触，仿佛有个声音在心灵深处对我说道："林木，你别听他们的，他们就会说风凉话，他们哪里体会过付出了所有却依然一无所获的痛苦？他们成绩好，他们并不需要花费太多功夫就能考上好的大学，他们都认为你是个失败者，他们并不是真正地安慰你，对你的好言暖语只不过是胜利者对失败者的怜悯罢了……"

"小木，你其实很有潜力的，就凭你之前那股子冲劲，你就一定会成功，这次考试只不过是你在成功的路上遇到了点小挫折，相信我，振作起来，我们一起努力……"小小清一直在劝说着。

我两只手撑在太阳穴旁，一时间，内心的叛逆声与外界的安慰声交杂在一起，混乱失序，脑子突然感觉一阵阵的疼痛感，我摇了摇头，说："你先别管我，我现在什么也听不进去，你去忙你的，不要再过来了。"

小小清见我都如此说了，就不好继续说下去，他重重地叹了口气，不再面对我，只留下了一道消瘦的身影。

我试图从桌上捡起笔，可是刚写了一个字，我就觉得厌烦无比，看到那些密密麻麻的题目，胸口就闷得难受，浑身不自在。

尽管咬牙挣扎了一天，我却依旧没有完整地做完一道题。

就在我快对堕落的自己失去信心时，吕文突然来到了我们班，虽然是下课时间，但我还是对吕文的突然来访感到了些许意外。

"小木，出来透透气？教室里太闷了，我们去足球场上走走。"

他笑着说道。

如果这时候吕文跟我大谈学习之事，或者像其他人一样劝我重新振作起来的话，我是绝对不会给予过多理睬的，即使他是我最好的朋友之一，因为我实在不想听到这些东西。

我点了点头，自嘲道："走吧，这教室的确不适合我这种差生。"

在心底，我其实想说这个世界不适合我。

听到我这么说，他转头看了我一眼，似乎明白了什么，不过他却什么也没说。

我跟他一前一后来到足球场上，一路上，并没有任何交流。要是以前的我，肯定会耐不住寂寞，主动挑起话题的，可是现在的我连一句话也不想说。

就这样，我们一直走到了足球场中央。

吕文找了一块柔软的草地，叫我跟他一起坐下。我不知道他葫芦里卖的是什么药，可是我感觉他把我叫出来肯定不止让我透透气这么简单。

"还记得以前咱俩一起玩的实况足球吗？"他突然问道。

在初中的时候，因为跟吕文住同一个小区，而且我们又在同一个班上，每天都一起放学回家，加上吕文和我都是足球迷加游戏迷，所以那个时候，只要我们一有时间，就会跑去电玩厅玩一两把实况足球。虽然经常因为晚回家而遭到家长的责骂，但我们依旧乐此不疲，好不快活。不过好景不长，到我们上了高中，实行分班寄宿之后，我们就很少再有机会一起玩游戏了。

"记得啊，那时候一直不是你的对手，被你虐过很多次啊，哈哈。"我回忆起当初的快乐时光，心里瞬间轻松了一些。

"哪有很多次，我记得我们应该是旗鼓相当吧，只不过有时候是我运气好罢了……记得那时候，你还研究出了很多有意思的战术呢。"

"对啊，还记得我独创的铁桶大阵吗？那段日子里你可是一分都没有拿下过哦。"我笑着说道。

他也笑了起来，说："后来还不是被我给破了。"

"那还不是因为我想到了另一种战术，单纯放弃了铁桶大阵而已，根本就不是被你给破了。"

吕文拍了拍我的肩膀，望着远方正在踢球的几名少年，喃喃道："那段日子真是快活啊，无忧无虑，没有任何压力……想当初我们是一起接触实况足球这款游戏的，记得第一次玩的时候，我们俩可是进了不少乌龙球啊，哈哈。"

我点了点头，感慨道："是啊，我们刚进初中时的成绩都是一样的，想不到短短几年下来，你就超越了我这么多，我这辈子恐怕都无法追上了，哈哈，吕文，真有你的。"

"你还记得吗？小木，我们刚一起玩实况足球的那段时间里，你总是比我厉害，明明我们是一起玩的，但是你的悟性就是比我高，很多东西你一下就学会了，似乎都不需要怎么努力。"

"有吗？哈哈，我怎么不知道自己有那么厉害？你就少抬举我了，那时候我们俩水平是差不多吧，除了刚开始的时候我比你厉害了一点儿。"

吕文望着远处，喃喃道："小木，你知道我为了达到和你'差不多'的水平，在背后付出了多少努力吗？"

我愣了一下，突然不知道吕文的话是什么意思。

"那时候啊，我每天晚上回到家把功课做完后就会去网上偷偷查找游戏攻略，睡觉前也不忘在脑子里模拟游戏场景，一到周末有时间的话，我更是会一个人跑去亲戚家玩实况……你应该想不到吧，我竟然为了一个游戏那么拼。"吕文笑了笑。

说实话，我真的没有想到。

"我很郁闷，因为我发现自己在这个游戏上花费了那么多的时间和精力，可就是无法拉近跟你的差距。尽管有时候你每个星期才能玩一两次，我却是每天都在玩，但就是无法超越你。我是个胜负心很强的人，那个时候，我每天都很烦，我甚至怀疑自己智商是不是有问题，长这么大却连个游戏都玩不好。你应该不知道吧？那段时间我内心是很压抑的，为什么自己都付出了那么多，却仍然得不到相应的回报呢？"

为什么付出了却没有回报？

听到这句话后，我突然愣了数秒，一时间无言以对。

吕文看了我一眼，继续说道："即便是努力没有得到相应的回报，但我却没有放弃，因为我知道如果我放弃了，那么我连和你势均力敌的资格都没有了，我就会永远被你抛在身后。不过还好，随着时间的推移，我终于赢得比你多了。"

　　吕文的语气突然变得严肃起来："努力并不代表一定会成功，但不努力，你连追求成功的资格都没有！不要以为成功是一件很容易的事，你既然想要获得成功，那么就不要一味地只看到眼前的事物，你要是现在放弃了，以后你再想追回来，就会很难很难。而且你应该好好想想，现在的你能不能沉沦、能不能堕落，除了读书这条路，你还有什么路可以走？如果你现在放弃了自己，将来你的家人、你的朋友，甚至未来的你，他们还会以你为骄傲吗？小木，我一直认为你是个聪明人，聪明人绝对不会因为一次挫折而向现实跪地求饶的。"

　　吕文的话犹如一记当头棒喝，把我从迷茫中生生拽了出来。

　　他的话语既肯定了我的"聪明"又否定了我现在的做法，既像好友般平易近人又如长辈般谆谆教导。他通过我和他的游戏经历，形象地阐述了"努力不一定会成功，但不努力连追求成功的资格都没有"的道理；除此之外，他还不断对我敲响警钟，让我明白如果我就此堕落下去会有多么严重的后果……

　　我深呼吸一口气，从草坪上站了起来。

　　"怎么了？"他问我。

　　我握紧了拳头，对着他笑道："这一次，换我来超越你。"

令公桃李满天下，何用堂前更种花。——白居易

班主任的一席话

也许是这几天的反常表现引起了班主任陈老师的注意，在我刚从操场回到教室时，有同学就找到我，跟我说班主任要我去一趟办公室。

我深呼吸两口气，手心发麻，心里有些忐忑。毕竟，像我这种差生进办公室，一般来说只能迎接一种结果——挨骂。

我走进办公室，不远处，椅子上坐着一个胖胖的男人，平头，大耳。仔细看去，他留着一撮八字胡，微微凹陷的鼻梁上撑着一副黑框眼镜，镜片后是一双令人难忘的笑眼。

他是我的班主任，他让我们称呼他为老陈，说这样亲切点。

老陈见到我来了，用指尖抬了抬眼镜，微笑地望着我："怎么？就泄气了？"

老陈从来不会说太多废话，就像他在课堂上解答那些同学的疑问，总是那么一针见血，从不拖泥带水。

我摇了摇头，说："没事，我已经好了很多，再调整两天估计就恢复正常了。"

"我这还有个椅子，你坐吧。"老陈从一旁拉来一把椅子，示意我坐下。

我望着那把椅子犹豫了一会儿，老陈看不下去了，一把抓住我的肩膀，微微用力一按，我就坐在了椅子上。

他看着我，笑了笑，说："林木，想要成功，想要让别人以你为豪，那么首先你要以自己为豪，你可以放弃学习、可以放弃做梦，但唯独不能放弃自己。"

我咬着嘴唇，心里满是波澜。

"林木，没关系的。你可以在一段时间内很落后，你可以失败，但只要你不放弃，在我眼里，你仍然是好学生。你知道吗？这两个月里，你的努力、你的奋斗我全都看在眼里，你让我看到了一个全新的你，你让我从你的身上看到了无数的惊喜……我期待你让我看到你展翅高飞的模样……林木，答应我，让我看到你蜕变成蝶的那一天，好吗？"

我低下了头，紧咬下嘴唇，脑子里再次涌现出了那天失败的场景，强烈的挫败感传递到身体上的每一个细胞，痛苦难耐。

我苦笑一声，道："我不确定……我不知道自己能不能行……或许……我不适合读书吧。"

"林木，我说了你成绩差没关系，真的没关系，因为凡事总要有一个过程，从差到好也是需要时间的。可是，如果你说自己不行，那我就得好好说说你了。我是最不喜欢那种放弃自己的学生，因为哀莫大于心死，如果心都死了，那么这个人就彻底完了，什么人也救不了他。林木，做个男子汉，不要一点点挫折就唉声叹气，只要你自己想学，总会学好的。只要不放弃自己，你就有可能创造奇迹。"

"林木，你要相信奇迹，你要通过自己的努力去创造奇迹，知道吗？你听到了吗？"

不知为什么，我感觉自己大脑深处的一根神经突然崩断炸开，一股浓厚的反抗情绪猛地爆发出来。

"奇迹？是，我想要奇迹，我每天做梦都想梦到奇迹！可事实呢？奇迹就是451分？奇迹就是全班第49名？"

老陈笑着摇了摇头，说："林木，冷静一些。"

"冷静？你告诉我，这段时间我难道没有认真？我难道没有努力？可为什么？为什么会是这样？我就算不学习也是这个成绩，那我为什么要跟个傻子一样学习？辛辛苦苦拼命几个月，收效甚微，如果换成你，你会怎么办？这种憋在心底的痛苦，你能体会吗？"

有一股火在我的眼睛里，这股火烧得我疼痛无比。

老陈望着我，没有说话，一直在静静地聆听。

"是的，我比所有人都要想成功，我知道我基础差，我知道我笨，所以我只能拼命去学。我可以厚着脸皮到处去讨教知识，我也可以每天只睡五个小时，我更可以逼着自己去学不喜欢的东西……我只希望自己能有成功的那天……可是，为什么老天要这样对我？为什么我付出了却得到这样的结果？老师，我怕，我是真的怕，我怕自己竹篮打水一场空，我怕自己努力了却什么也没有得到，我怕自己考不上大学……我怕失败……"

这股火猛烈地燃烧着，直到烧出了眼泪。

"现在……我是真的不知道该怎么办。我感觉自己越来越迷茫，越来越看不清前路的方向。老师，我不想放弃自己，可是……又该去哪里找到我自己？"

或许是因为好强，或许是因为吕文是同龄者，在他那里，我还一直咬着牙齿，用尽了所有的力气只是为了勉强撑起最后的骄傲。可面对眼前的这个男人时，我苦苦支撑的骄傲和倔强，却在顷刻间崩塌了。

突然，一只大手搭在了我的肩上。

"林木，发泄出来就好了。"

我抬起头，望着他，发现他的面容依旧是那般和蔼，即使我刚才出言不逊，他也似乎没有一点讨厌。

他凑过头，在我耳边轻声说道："老师想跟你说，哪怕最后你决定放弃自己了，老师也绝对不会放弃你的。"

仅仅是一瞬间，我所有的防御全部瓦解了。坐在他的面前，我不争气地像个小孩一样，双眼通红，低声哽咽。

片刻后，他拍了拍我的肩膀，递过两张纸巾，笑道："欸欸欸，你都多大了，还哭鼻子啦？好了，擦一下。"

我接过纸巾，狠狠地擦掉脸上的泪痕，深吸一口气，使劲拍了几下胸脯。

"没事了？"

我点了点头道："嗯，谢谢老师，心里舒服多了。"

"那就好，接下来你别把我当老师，把我看做是你的朋友好了。作为一个朋友，我想跟你说点心里话。"老陈语气平和地说道。

"林木，别给自己太大的压力。要我说，高考不就是一次考试吗？行百里者半九十，前面的九十里路，只不过是整个路途的一半，后面的十里路，才是最重要的。当然，你现在就走在最后的十里路上面。你想想看，别人辛辛苦苦十二年，就是为了走好这最后的十里路，你这才辛苦了几个月，就因为看不到终点而怨气冲天，浑身负能量。你有没有仔细想过，只要再多往前面走两步，多绕几个弯，多坚持一会儿，你就能看到终点了？"

我低着头，心感羞愧。

"我知道你现在很累、很苦，可到了现在这个节点上，又有哪个有抱负的学生会不累呢？要我说，你的苦和累是肯定要比别人多的。想想看，别人苦了三年好不容易才得到的果实，你苦一年就想得到，这算不算是贪心呢？当然，要我说，这人啊贪心点好，你越贪心你的野心就越大，野心越大你动力也就越大。俗话说得好，不想当将军的士兵不是好士兵，不想考一本的学生不是好学生。我就想让你明白，不要努力了没有得到回报就觉得自己很吃亏、很失败，你越是抱着功利心去做事，你就越是做不成想做的事。要我说，你现在别想那么多，一门心思就搞学习。咱中国有句老话，叫'不是不报，时候未到'，现在我把这句话教给你，只不过这里面的'报'字，不是报仇的那个'报'，而是回报的'报'。"

老陈拿起茶杯，喝了一口水，继续说道："林木，从今天开始，你一定要像之前那样，把自己放在悬崖边学习，咬着牙、忍着痛、抓紧一切机会去攀登学习这座高峰。你要知道，如果你一旦停止往上爬了，那么你就会坠进无底深渊，到时候，你再想要爬上来，就很难很难了。"

我点了点头，诚恳道："老师，我明白了。"

在吕文跟班主任的双重教育下，我感觉自己的身心变得格外轻松，整个人豁然开朗，那份丢失已久的学习热情与动力似乎再一次回来了。

"林木，等一下，我好像记得，刚才有个问题你还没回答我呢。"

就在我走出办公室的那一刻，老陈的声音突然从身后传来。

我回过头，愣在原地，一时想不起是什么问题。

老陈望着我，微笑道："林木，答应我，让我看到你蜕变成蝶的那一天，好吗？"

话音未落，我的鼻子又酸了起来。

我紧紧握住拳头，对着老陈大声回道："好！"

一日不读书，胸臆无佳想。

——萧抡谓

取经之路——文科篇

为了提高我的学习成绩，为了获得更好的学习方法，我特意找到了学校的几名顶尖优等生，分别就英语、数学、文科这三项我稍显薄弱的科目，向其请教学习之事。

此时，我的眼前，是上次月考学校文科综合第一名，以266分斩获月考文科状元的陈良。

我通过吕文的关系，在星期天的下午，联系到了他。

在友好地进行了一番交流后，当他问及我的真正来意时，我叹了口气，说道："其实我文科还算行，至少比起惨不忍睹的数学跟英语来说，文科分数并不是那么难看，但是我觉得不难看的分数，可能在你们眼里就不同了。我这段时间尝试着去提升自己的文科综合的成绩，但发现效果并不太明显，尽管已经很努力了，但分数仍旧保持在一个原有的水平线上。没办法，感觉做了两个月的无用功，现在觉得很迷茫，所以才来找你，想取点经。"

他愣了一下，用中指推了推鼻梁上的黑框眼镜，说："文科综合吗？"

我点了点头，道："嗯，我不知道是不是方法不对，总有一种在跑步机上跑步的感觉。"

他满脸疑惑，问道："那是什么感觉？"

我吐了吐舌头，无奈道："原地踏步。"

他点头，一副恍然大悟的样子，说："噢，原来是这样，我现在手头正好没事，你说吧，要我教你什么？"

"文科综合，最好是地史政都给我讲讲，我觉得我自己遇到了挺困难的瓶颈，有点迷茫，不知道怎么渡过这道难关，唉！"

他点点头，让我等他理顺一下思路，我说好，然后他沉默了数分钟，等再开口时，那双藏匿在镜片深处的眼睛突然散发出一股耀人的明亮。

"地理是文综中相对学习量比较轻松的科目，因为知识点比较系统，而且它所需要背诵的内容也比较少，所以我先从地理开始说。"

我皱了皱眉头，疑惑道："地理么？地理不是文科中最难的科目吗？我听很多人都抱怨过，说地理就不应该属于文科。"

他摇了摇头："不对，地理相对来说是容易的。因为它所学的内容与需要掌握的知识点都比政史要少很多，也就是说地理只要你认真学进去了，它其实是比政史要简单的，因为它的客观性比较强，犹如数学，对与错有严格的区分。"

"但为什么很多人都觉得地理难呢？地理在文综中是最容易拉开差距的一科吧？"

"那是因为许多人犯了一个错误，他们都认为文综需要背诵的只有政治与历史，而地理是不需要背诵的，只需要理解记忆就好了，可是恰恰相反，对大部分人来说，地理才是最需要背诵的科目！"

"地理需要背诵？不是只需要掌握和理解就好了吗？"

他解释道："我这里背诵的意思并不是指死记硬背，而是在理解的基础上深入记忆。例如，看到一幅区域图或地形图就能准确地想起或者推测出这幅图的地理位置。如果你能把地理书给背诵下来，那么地理考高分是很容易的事。"

"只要背书就能有高分吗？"我问。

"不对，背书只是学好地理的基础，建立系统的错题本才是拿到高分甚至满分的关键，而地理是文综中唯一一科有机会拿满分的科目。大致来说，你可以把自己每一道做错的或者没有把握的题目，拆分归类收集起来。这些类别你可以根据地理课本的目录来设计，或者依据地理环境、地域联系、农业、工业、人口、城镇化、产业转移、可持续发展、气候、能源、海洋、生态环境等来做分类。你可以根据个人情况，把错题收集起来，当然，整理错题的时候不要光记录正确的答案，你需要在醒目处记录错题心得，最好是用简洁的话语写下自己当时为什么会做错，是知识掌握不牢固还是其他，这样方便对症下药。错题本需要经常翻阅，重复看正确的思路和正确的答案才会让你的印象更为深刻，争取不再犯相似的错误。"

"明白了。"

我把他说的重点都记在了笔记本上，他扶了扶眼镜，笑着说用心去记就好了，没必要写下来。

"嗯，关于历史的问题，我听吕文说，你历史还算不错的吧？"

我有点不好意思道："一般一般，跟你比起来就差得远了。"

"哈哈，既然你历史还不错，那么我就长话短说。另外，吕文这小子的历史可是不输给我的，其实你也可以去找他。

"众所周知，文科中最需要记忆的就是政史两科，而其中历史所需记忆的内容是远远超过政治的，它需要你有极大的细心和耐心。我建议你去宏观学习历史，因为我们现在历史课本是根据政治经济文化来进行编写的，很多历史事件会交错在一起，其中事件之间的年份、地域等跨度可能会很大，这其实在一定程度上分割了历史正常发展的脉络。

"以后你在做题或者看书的时候，如果没有时间上的限制，不要单独去看问题，尽量从宏观层面去分析。例如，从太平天国运动到民族矛盾，从蒸汽机的出现到科技革命……绝大部分历史事件的发生都有极强的关联性，试图去梳理这些关联性，由点到线再到面，多方面多层次分析问题或者事件。

"比如，当看到历史二字时，你第一反应就是高中历史是由世界史和中国史两部分构成的，而中国史里又分古代史、近代史和现代史，近代史又可以往下细分为旧民主主义革命时期和新民主主义革命时期，旧民主主义革命大致由四次侵华战争(鸦片战争、二次鸦片战争、甲午战争和八国联军侵华战争)和三次人民反抗运动(太平天国运动、义和团运动和辛亥革命)组成。

"如果你在学习历史的过程做到这些，那么考试的时候，你也会泰然处之。因为你不光能从宏观层面解答疑题，也可以对其局部进行微观分析。只要你在心中有一幅完整的知识网络图，那么拿到历史高分对你来说轻而易举。"

我说："听完你说的话，我真是受益匪浅。"

他笑了笑，说："有关政治，我觉得应该就不用我来说了吧，吕文的政治成绩可总是在我之上哟。与其我来讲，不如叫他来传授传授知识，他可比我专业。"

的确，有关政治的学习方法，吕文已经告诉过我了，无其他，唯有两个字：背、理。

背，就是背诵；理，就是理解。

吕文跟我说，政治是最简单也是容易的科目，只要在记忆的基础上稍加理解，就可以拿到高分，不过前提是要刻苦背诵。

"谢谢你，耽误你时间了。"我向陈良说道。

"不谢，希望你能加油。"他笑着说。

我欲穿花寻路，直入白云深处，浩气展虹霓。——黄庭坚

取经之路——英语篇

"教我些有关英语方面的学习心得吧，我对英语实在太头疼了，有时候看课本就跟看天书一般，看两分钟就犯困，十分钟必犯晕，大神，快救救我！"我叹了口气，眼前的人是去年期末考试中的英语单科王，也是全市英语演讲的第一名，我如同抓住了救命稻草，对着她可怜说道。

她转了转眼珠子，眉毛半挑，说："别，我可不是什么大神，我离大神差得远呢。另外，我哪有啥好方法呀，好多都是小时候一点点积累起来的优势，真要说方法，那也都是些别人讲腻了的方法。"

"不管什么方法，拜托你跟我说一遍，好么？"

她看着我诚恳无瑕的眼神，犹豫了片刻，摇了摇头，但还是答应了。

"旁边位子没人，你先坐，我慢慢跟你讲。"

我点了点头，坐到她旁边的空位子上，掏出纸跟笔，打算边听边记。

"从什么时候开始说起呢？我最早接触英语这门课应该是小学吧，记得一二三年级都没有英语课的，到了四年级听说要开英语课，因为那时候喜欢看迪士尼的动画片，所以知道那些看起来像拼音一样的文字叫英语，所以刚开课的时候很感兴趣，天真地以为只要学好英语就能看更多的动画片了，哈哈。"

她笑得很开心，眼睛弯成了月牙儿。

"那时候每天最喜欢的课就是英语课，但和大多数没接触过英语的孩子一样，我对英语可以说是一窍不通，只知道唱 ABC 歌，或者最简单的单词，比如 Hello、Byebye……不过我记得我当时英语成绩一直是班上第一，其实我也不知道为什么总能考到第一名，现在想想可能跟兴趣有关吧。那时家庭作业还不多，我每天做完功课就立马用录音机放英语磁带，虽然很多都听不懂，但不知道为什么，我就是喜欢听。听多了有时候还会读出来，模仿磁带里的发音，久而久之，我不自觉就发现自己的英语水平在快速提高，有些题目即使不知道怎么做，但是在心里默念一遍后，就能马上填写出正确的答案，按现在的话来说，这应该叫语感吧。到后来，上了初中，英语课的地位也开始跟语文、数学相提并论，当时我的班主任是英语老师，她可是个很严厉的老师，也是托她的福，我们整个班的英语都不差。"

"说到初中，当时也算是从最基础的 ABC 学起，可能是因为小学时'苦学'英语的成果吧，到了初中，我每次考试都差不多是满分，因为那些考试的题目对我来说已经是很容易了，几乎没有挑战性。显然我们英语老师也看出了这一点，她决定对我因材施教，简单来说就是另开小灶，哈哈。说到因材施教，其实也就是给我布置跟别人不一样的家庭作业，因为喜欢英语，再加上英语成绩给我带来太多的荣誉，所以我也欣然接受这种特殊的家庭作业。记得初一的时候我就在学初二的英语，初二就学初三，到了初三我已经接触了大量的高中英语习题了。因为是开小灶，所以有些题目不懂的话必须是在下课或者是放学后找老师，上课时还是要跟同学们学一样的知识。当时我可以说是每天都往老师办公室跑啊，一有时间就待在她身边。她对我很好，很多我不懂的问题都一直讲到我懂为止，从来没有不耐烦过。慢慢地，我的英语成绩变得越来越好，单科成绩稳定在全校前三，到了中考，我也如愿以偿，收获了满分的中考英语成绩。"

我叹了口气，说："你从小学就开始学英语，我可是在高中之前碰都不怎么碰英语的啊，这可怎么比。"

"没关系，凡事都不要往最坏的方面想，既然你来找我了，就能看出你还是有一颗想努力去拼搏的心，只要有这颗心在，还怕成绩提升不上去？"她鼓励道。

"那你跟我说说方法吧，前面都是些你的经历，唉，如果那些话你小学的时候来跟我说就好了，说不定我现在也是个英语大神。"

她莞尔一笑，道："哈哈，如果能穿越到过去，我一定督促你好好学英语。"

"有那么一天就好咯。"

"好了，不开玩笑，跟你说正经的，你要我讲方法，我就把一些我这些年总结的心得讲给你，虽然不敢保证你听完后立马就能提升英语成绩，但是这些心得也都算是我修炼多年的成果，用处应该还是有些的。"

我点了点头，准备洗耳恭听。

"第一，听力部分。听力作为英语考试的一部分，其所占分数比例和重要程度就不用我多说了。其实有关听力，我觉得最重要的还是多听，这就跟听歌一样，听得多了，自然就会唱了。因为小时候每天雷打不动听英语磁带，所以到了高中我的听力几乎是次次满分，前段时间做了近几年的英语高考听力原题，然后觉得真是没有任何的压力。听力这东西，只要听得多了，自然就会做了，可以说是高考英语中最容易拿分的一个类型，因为听力并不需要太多的逻辑思考和词汇储备，只要认真去听，总是能够听到正确选项的。"

我挠了挠头，道："可是，我听听力就跟听天书一样……"

"你就是英语听力听得少了，所以才会有陌生感。没事，离高考还有一段时间，你从今天开始每天给自己设立一个固定的听力时间，认认真真去听，听力时间不短于半个小时。我相信，只要你肯坚持，到高考的那一天，你对付英语听力题真的可以做到游刃有余。

"另外，其实英语听力的场景翻来覆去就那么几个地方：家、机场、旅馆、维修店等常见地，而且在这些场景下发生事也差不多就那几样，等你听熟练了，有时候可能磁带里的对话还没说完，你就已经猜到要填写什么答案了。

"对了，还有些考试技巧你也需要注意，比如：每次考试的前面五个小题，这几个小题因为只读一遍，所以你要静下来，认真去听，争取不听错任何一个单词；而在做长对话的题目时，你最好先快速把答案扫一遍，一般你都能从答案中猜出你需要重点听什么部分，比如价格、时间、地点、人物……一旦你知道自己所需要着重听的内容是什么，在听的过程中就可以有的放矢了。最后，最最重要的一点，记得多照着原版录音去背单词书，要不然考试时听不懂关键词就很悲催了。"

我在笔记本上记下了有关听力学习的重点，然后问："嗯，大致明白了。那有关阅读的部分呢？"

"这也是我接下来要说的，其实阅读的话，如果要你现在去锻炼语感我总觉得时间来不及，而且语感这东西说不准，短时间内也看不出效果，所以我还是提倡返璞归真，用最原始的方法。"

我有点不明白，满脑子疑惑："返璞归真？最原始的方法？"

"简单来说就是做题啦，题海战术呀。现在开始疯狂去做阅读理解和完形填空，不要怕你会错多少，先培养做题感。对了，做题之前要先把文章扫读一遍，从整体把握文章的大致内容，就算你无法提炼出主旨思想也一定要知道文章在说什么东西，这对做题是很有帮助的。否则你要是将一篇文章的内容理解错误了，那么你的正确率一定不会高的。

"另外，利用好手里的英语词典，没事多翻翻它，看到不懂的单词就主动去查，不要只想着问其他人。查字典的时候，不要光看单词的基本释义，最好是了解一个单词的多种释义，这对以后做完形填空很有用。最后嘛，如果你想考试时拿到高分，就努力地去背单词书吧，把考试大纲上规定的高中英语所需掌握的单词都背下来，你的成绩一定不会差。"

"真是路漫漫其修远兮啊！"

我叹了一口气，然后在笔记本上写下"题海""把握主题思想""词典""单词"四个提示语。

"好了，最后的部分就是写作了，这个我还真没太多好方法教给你的，唯一能教给你的就是两个字——仿写。"

"仿写？"

"是的，现在市面上有很多有关英语作文范文或者模板的教科书，去认真钻研两本，然后好好背几篇万能模板，到了考试时灵活运用，虽然不能保证作文拿高分，但至少分数不会低就是。另外，可不要一味地去记那种看上去复杂漂亮的句子，因为很多时候这些难度过高的句子并不会给你的作文加分，而且还十分容易写错，千万不要给自己增加难度，写的时候能用常用句子就用常用句，一篇作文只要单词不出错，语句流畅，那么分数就不会低。”

我双手拱着，抱拳道：“学霸，受教了。”

“哈哈，不敢当，不敢当。记得哦，等你以后英语成绩变好了，可要请我吃饭。”她开心地笑道。

“一定，一定！”

富贵必从勤苦得，男儿须读五车书。——杜甫

取经之路——数学篇

"大神，你数学是怎么学的……"

我的正对面，坐着的是上次模拟考中的全校数学单科第一名。

"怎么说呢？可能是天生爱好吧，我对数学的兴趣很浓厚，所以在这门功课上下了大量的工夫，大部分自习课我都是抱着数学书在啃，初中以来我买得最多的试卷也是数学的。"

"我不是问你心路历程啦，我想讨教的是方法，你能不能给点意见？"我说。

"呃，我刚才说话的意思就是兴趣是最好的老师。"他回答道。

"除了兴趣之外，就没有其他方法？"我问。

　　他摸了摸厚厚的下巴，缓缓道："先把数学教科书背下来，强迫自己爱上这门课程，然后再去分析问题，总结方法。"

　　"背数学书？"我有点惊愕，这么多年，我倒是第一次听说背数学课本。

　　我有点纳闷，问："背数学课本有什么用？背语文、英语、文综我都能理解，背数学书是做什么？数学不是讲究融会贯通吗？"

　　"其实呢，让你背书的目的就是为了让你能喜欢上这门课程，或者换个说法，是让你不讨厌这门课程。从小到大，我可是看到好多同学，尤其是女同学，她们总是在发奋学数学，可考试就是考不好。后来我觉得她们并不是没有学习数学的天赋，相反有些同学有很高的悟性，之所以考不好，那是因为她们害怕数学。"

　　"害怕数学？"

　　"是的，害怕，你可要记住，学习数学千万不能害怕。很多人数学成绩差的原因，起先可能只是不喜欢数学，觉得这门课太枯燥，没有意思，就不用心。但等他们发现数学又是学生生涯不能逃避的难关后，他们会试图去攻克这道难关，这个时候就会发现一两次是攻克不下来的，一部分人会持续作战，愈战愈勇，慢慢地，数学对他们来说就很简单了。而另一部分人，他们会在一两次的失败后失去信心，越做题就越讨厌数学，这样一来，他们数学成绩就会始终保持一个低位，几次恶性循环下来，数学慢慢地变成了他们的梦魇、天敌。他们变得惧怕数学，害怕上数学课，害怕解数学题，在每一次数学考试前都会哀声连连。"

"原来还有这样的说法。"我点头道。

"其实这些东西都是相关的，你只要不害怕它，勇敢去跟它战斗，你会发现，原来一直挡在你面前的猛虎其实不过是一只和你玩耍的小白兔。我做了近十年的各省数学高考试题，最后发现，你要考130分、140分以上很难，但是考110分以上却是相当容易。只要摆正心态，努点力，认真去对待这门课程，那么高考数学达到110分以上是绝对没有问题的。"

"呃，其实吧，我现在并不怎么怕数学。"我直话直说。

"好吧，上面的话当我没说。"他笑道。

"我心态很好，就是没有好的学习方法。打个比方吧，很多数学题目如果是只考一种方法，比如函数，比如几何，我都觉得不是很困难，但有时候一道题里面如果包含几种知识点，我就不行了。"

他点了点头，说："嗯，这么跟你说吧，其实你别看数学书是所有书本里最薄的一本，但里面的知识点可相当多，你想有条不紊地掌握所有知识点是很困难的，而大部分拉开大家分值的题目，考的就是看你能不能把多种知识点结合在一起灵活运用。

"这样，我教你两个方法，虽说不是啥独家秘技，但大多时候还是蛮有效的。第一个叫公式推导法，顾名思义，就是推导公式。数学书上大部分公式都有其推导过程，我建议你最好先把书上的公式都自己推一遍，边推边总结，利用公式的互相关联进行推导。

"跟你说，高考的知识点几乎都来源于课本，很多题目就是课本上的例题的变种，三个很基础的题目，若是结合到了一起，就会变成一道高考难题。鉴于此，你可以自己来'创作'高考题，或者拆分高考题。掌握好现有的公式的推导原理，尝试去逆向推导每一个高考难题，一步一步来，化难为简，逐个击破！我相信一旦你熟练地掌握了这种方法，你就找到如何攻克难题的秘技了。"

"受教受教，那第二个方法呢？"

"第二个嘛，我取名为图像记忆法，即用图像的方式将书上的知识点进行关联，用形象化的图例来代替枯燥的数学逻辑，把乏味的知识转变为有趣的图画。

"不过嘛，这种方法有利有弊，弊就在于你需要另外花费时间去整理各个知识点的内在联系，然后再画图。但对于渴望数学取得高分的人来说，这点苦还是要吃的，过程虽然听似枯燥、繁杂，但实际操作中，如果你能灵活运用的话，其实还是蛮有意思的。等你把书本知识都用自己的方法过了一遍后，你就相当于自己编了一本带插图的数学教科书，这对你数学能力的提升还是很有帮助的。"

"嗯，图像记忆法，好，我待会就回去试试。对了，还有问题想要问你。"趁着时间还足够，我准备把心里不明白的难点疑点都说出来。

"你说。"他笑着说，没有任何不耐烦。

"题海战术有用么？听说数学是最重题海战术的一门学科了。"

他摇了摇头，然后又点了点头，道："怎么说呢，单凭我个人的看法啊，我觉得题海战术有利有弊，弊端就在于数学这门课程不是靠死记硬背就能说一定学好的，它注重的还是对知识的深度理解与灵活运用，所以有时候即使做一百道相似类型的题，还不如彻底吃透一道典型题。"

"那你的意思是指题海战术不可取？"

他摇摇头，说："不，我不是这个意思，我只是说这种方法有利有弊。想学好数学这门课程，不做题或者少做题是不可能的，你肯定是要有一定训练量的，不然你很难对数字敏感。俗话说：'熟读唐诗三百首，不会做诗也会吟。'

"如果你平时不注重习题训练的话，有时候即使你知道该怎样去做这道题了，知道该用什么方法去解了，也不一定能正确、快速地计算。或者说，你做题会做得很慢。而如果你平常有一定的训练量，那么你做题的熟练度和正确率会提升很多，这对于你成绩的提升会有很大的帮助。如果你做题做得多，那么你会比一般人更为熟悉试卷的考点，明白某道题究竟要考察的是什么，这样一来，你做题的速度会大大提升，而且你也更能准确地把握重点。

"如果你每种类型的题目都只做过一次，那么做这种类型题的时候你就会花很多时间去思考怎么去做、用何种方法做。但如果这种类型的题你已经做了十几二十遍了，那当你遇到这些题时，你会不假思索，而且下笔如有神。"

"你的意思是题海战术也有其可取之处？"

"嗯，你熟练度越高，那么你做题的速度与正确率就会越高。而优异的成绩就是建立在这二者之上的，'重剑无锋，大巧不工'，当大家都对知识有了深层次的了解和掌握后，接下来所要比拼的就是对知识的熟练度了，而题海战术恰恰是提高知识熟练度的不二法门。"

"我大概知道了。"

"嗯，另外，跟你提一点我觉得比较重要的，也是大多数人的一个学习误区——不注重教科书。很多同学到了高三以后就认为数学课本上面的题目都是些基础题目，都是些已经看过很多遍的内容，而且这些内容老师上课也反复讲过的。所以，他们自然而然会觉得这些内容并不重要，或者觉得这些内容都烂熟于心了，没必要再去复习、再去钻研。之后他们往往就不再理睬课本了，反而去做其他一些他们认为高难度、有挑战性的习题。这样很容易导致一个不好的后果：就是当你考试时辛辛苦苦做出一个高难题，以为分数能和他人拉开差距时，却意外发现前面那些看上去极其简单的题做错了，到头来分数跟别人差不多，而且有时候可能还比别人低。要知道一个难题的分值最多才20分，一个选择填空题就有5分，而一个难题你所要花费的精力和时间可远远要超过五六道简单的基础题的。

"所以说，教科书上的知识该注意的还是要注意，尤其是那些被标注出来的重点部分，争取把教科书上每一道题都做好，考试时在基础分尽量不丢的前提下攻克难题，这样一来不说你考试分数会如何如何高，但至少该拿的分能拿到，总分也不会低。

"你应该注意过教科书上有很多被黑体字'强调'的概念吧，这些大部分都是重要的理论或者定律，而有一些不起眼的小字里面，其实也经常隐藏着不那么容易让人发现的概念和原理。记得有一年高考，其中有一道题考的就是教科书上的一个原有例题，仅仅是改动了一个数字，而这道题大部分人都没做出来，其中不乏一些优等生。所以说，咱们在看书的时候，一定要吃透课本，争取不放过任何一个知识点。"

"明白了，今天听你一席话真是受益匪浅，才十几分钟的时间我就感觉比我过去盲目摸索几个月都要受用，果然，高手就是高手。要是什么时候我也能像你一样，有能力和机会给别人传授经验就好了，哈哈，那画面想想就挺美的。"

他笑了笑，一只手拍了拍我的肩膀，说："我看好你，会有那么一天的。"

九层之台，起于垒土；千里之行，始于足下。——老子

努力到底能不能换来成功？

这一天，高三全市模拟考试来临。

这天，天空乌蒙无光，积云密布，寒峭的冷风在大街小巷中穿梭，我行走在清晨六点的大街上，渐渐感到一股莫名的冷清与孤寂。

虽然这段时间的取经与学习令我的成绩有了一定上升，但面对考试，我的两只手还是会剧烈地抖动着，控制不住。

因为寒冷，还是紧张？

我掏出 MP3，打开音乐，试图用轻缓动听的旋律来对抗内心的惶恐，可直到我来到了教室门口，两只手还是在颤抖，无法停止。

早自习，老师并没有硬性要求我们要读什么，因为一个小时后，

紧接而来的科目考试是语文，所以大多数人都在竭尽所能地背着语文课本。

兴奋与紧张伴随着我，一直到了考场。

我坐在座位上，深吸一口气，望着黑板上"认真细致，诚实考试"八个字，花尽了所有力气才从桌子上拿起了水性笔，当我握住笔的那一刻，我明白，检验我之前奋斗成果的时刻终于到了。

"加油加油，放松心态，林木你一定可以的！"我不断地暗示自己，给自己打气。

接下来，分发试卷，写名字，涂卡，做题……一切都是像往常考试一样。

很快，语文考试便在写写涂涂中过去了。

说实话，我出考场的一刹那，并没有太多感觉，心里空荡荡的，不知道是什么滋味。

可能是为语文付出的努力不够吧，或者是语文成绩的提升见效很慢，总之，当我写下最后一个字时，我并没有太多感觉，和以往一样，不知道是好是坏。对我个人来说，语文只要能稳定上95分，分数不要跟其他人相差太多就够了。

考完语文后，接下来就是数学了唉，想起数学就觉得烦恼。

数学考试，自我感觉发挥不好，虽然这段时间依靠题海战术做了不少题，但还是有很多题目我不知道怎么做，试卷实在是太难了，真不知道题目是哪个老师出的，如此高难度，附加题的解析几何题，我更是连题目都看不懂。

难道第一次模拟考试就要出这么难的题目？说好的要给大家一点信心呢？

不过还好，出考场一看其他人，发现都是满面愁容唉声叹气，心想大家应该都觉得难，这样的话分数也就拉不开差距，还好还好。

第二天，文综、英语。

历史。因为在考试前重点突击了一波，又依靠着学霸教授的学习方法，所以在考试时觉得得心应手，考完之后，自我感觉更是不错，有几个大题做完后觉得高分势在必得。

地理。复杂的计算题和太阳高度角啥的依旧是半桶水，算了很久也没得出正确结果，只能随便填一个答案，果断放弃，专攻后面的文字题。

政治。四平八稳，感觉一般。

下午，英语。

我的超级弱项终于来了。虽然说苦记了十几天的单词，做题目的时候有点成效，但效果还是不明显，听力依旧听不懂。不过，令我高兴的是，在英语作文方面，我竟然第一次能一口气写到底，背那些模板果然有用，有些地方不知道该怎么写时，一个万能句子套上去，瞬间解决问题。不过，总体看上去形势依旧不太乐观，听力与阅读部分都没有丁点儿把握。

第二天，各科老师开始分发考试答案，因为试卷要统一交到市里去打分，所以成绩要过两天才能出来。

拿到答案后，我犹如饿虎扑食，不管不顾，拿起试卷就开始一个一个对答案。

460分。

惨了。

当我估出分数以后，我的整个脑袋都是蒙的，要知道，在我们省，依照前两年的高考分数录取线，460分这个分数可是连上三本都够不着。

"难道真的不行么？明明都已经这么努力了。"我咬着嘴唇，紧握拳头的指甲几乎要刺进肉里，心脏就像被水泥堵住一般。

难受，无力，窒息。

"怎么啦，小木？"

这时，有人拍了拍我的肩膀，我抬头望去，发现一张稚气未脱的脸正看着我，是我的同桌小小清。

小小清姓徐名晓青，之所以叫他小小清，是因为他年龄真的很小，他比我们整个班级的平均年龄要小上四岁，听人说是他没有读过幼儿园，直接上了一年级。他算得上是我们班男生里面成绩最好的，虽然很多时候他的排名也只能在班上排到十多位，但是，在剩下九个男生眼中，他可是骄傲。

"我能考上大学吗，小小清，我该怎么办？"

我真的非常苦恼，因为一直努力却没有多大成效，这种压抑且郁郁不得志的感觉，快要令我对自己的未来失去希望。

"哎呀，担心什么，我都不担心。"小小清坐到我旁边，拿出一本字帖，一边练字，一边说道。

"那是，你当然不用担心，你的成绩比我好得多，想考个大学不是随随便便。"我叹了口气，郁闷道。

"我家里要我考一本呢，我现在都没底。"小小清停了停笔，皱着眉头说道。

"你还一本，我只要有个本科读就行，可是现在，我连考本科的机会都没有，分数就连三本线的尾巴都达不到。"我望了眼小小清那清秀的字体，重重地叹了口气。

"我相信你可以考上大学的，来，一起练个字？"他随手扔给我一本字帖。

我摇了摇头："我现在题目都做不过来，哪还有闲工夫去练字。"

"你说以你现在这种烦闷的情绪，哪里能静下心来好好做题？另外，我让你练字不是为了别的，就是为了帮你提高高考分数啊！"小小清笑着说道。

"什么？"我望着他徒感惊愕，高考又不是考书法，只要字写得能看就行，还专门去练字干吗。

"这么跟你说吧，我姨夫是省里的高考阅卷老师，他告诉我，现在高考都是网上阅卷，在电子屏幕上，一个人的字体的好与坏都会被无限放大，所以字写得好不好看对一个人的分数很是重要，同一份答案，字的好坏有时候可以拉开几分的差距。"

我有点不敢相信："这么夸张，不是吧？"

"什么不是，我姨夫是语文老师，他负责看作文。他说他们阅卷组要求两分钟之内就要看完一篇作文，而且他们规定的任务量是每天需要看完数百篇，这非常累。再者说，电脑上看作文会对人的眼睛造成视觉疲劳，这时如果有一份字迹工整、漂亮、规范的试卷出现在他们面前，不但会增加印象分，还会在潜意识里给老师带来一个认真、态度端正、注重细节的好学生形象，进而给老师一种你学习应该不错的印象，这样阅卷老师给你打分的时候自然就会往偏高的部分打。但如果你字写得脏乱差，就算你回答得再好，在一些开放性的主观题上，阅卷老师真有可能会依据印象来给你一个不高不低的中间分数，连看都不会仔细看，到时候你吃了哑巴亏都不知道。"

听完小小清有关字迹的高论之后，我很震惊，原来高考对字迹的要求这么高，如果他姨夫不是阅卷老师，可能我还不会相信。

"这样啊，那我明天也去买本字帖来。"我说。

"没事，我这字帖多，你先用着。"

"嗯？我应该练楷书，还是行书，还是行楷呢？"我有点疑惑地说道。

"我建议是楷书，一切都是以阅卷老师看得舒服为前提，字并不需要太飘逸。另外，在电脑上看卷子，一般来说，楷书会显得更加整洁、美观。"小小清一边埋头练字，一边回答我。

"这样啊，小小清，你说我真的能上二本么？"我又忍不住问了这个问题，好吧，我承认，我没有自信，而且我是真的很在意。

虽然小小清通过教授练字，成功地把我的情绪从低谷中拉了出来，可我还是因为成绩问题而心慌意乱。

"能能能，一定能的，你先别想那么多，做好眼前的事再说。记住，不要把希望寄托于明天，要行动只有现在，因为只有今天是你自己的。记得哈佛大学校训曾说过：'我荒废的今日，正是昨日殒身之人祈求的明日。'"

"只有今天才是自己的。"我反复在心里面默念了几遍，是啊，我们在期望拥有好成绩的同时却不去实践，不去吃苦，不去努力，遭遇点小挫折就变得意志消沉，只知道呆呆地坐在位子上，撑着腮帮满脑子幻想：如果怎么样怎么样，过不了多久，我就能有很好的成绩了。到头来却忘记了最重要的事——脚踏实地。

别人的好成绩都是建立在数十年如一日的辛勤学习上，我这短短一两个月的努力，又怎么能去要求一定要考得好分数呢？难道不是只要努力学习了，获得了进步，这样不就足够了么？

任何事，只有先认真去做才是硬道理。

天生我材必有用，千金散尽还复来。——李白

语文作文——如何突破那道隐形的屏障？

前段时间，语文老师在课堂上一直在表扬两个人，不但当着全班同学的面朗读了这两个人的作文，还拿一篇作文当做范文，花了一堂课时间详细地跟我们讲解这篇作文为什么写得好，让我们多学习学习。课后，还不忘说这两个人是全校顶尖的作文能手，上次考试，他们俩的作文都是满分。

似乎是作文课听得意犹未尽，或者是太渴望提高作文成绩，成为才子，下课后，我特意找老师打听到这两个作文才子的班级，结果发现他们都在同一个班。然后，趁着午休后的空暇时间，我厚着脸皮来到他们二人的班级，表明来意，准备在作文方面向他们二人取点经。

　　他们俩一个叫小宝，一个叫佳佳。面对我的突然来袭，他们并没有太意外，也并没有因为不认识我而排外，反倒是显得很友好，让原本忐忑不安的我心安了不少。

　　小宝让我坐到他的位子上，说这样我可以方便做笔记，他跟佳佳反着坐在我正前方的座位上。

　　"怎么说呢？个人觉得作文成绩的好坏其实很依靠平常的积累，如果你课外书看得比较多，那么语感、文笔自然就会比看书看得不多的同学要好上一点，有时候在作文里摘录几段名人的话，或是举几个鲜明生动的例子，那样的话你的分数也应该不会低。"小宝撑着腮帮子，边思索边说道。

　　"小宝，我觉得吧，虽然平时积累是很重要，**但是作文也是有技巧的，比如老生常谈的凤头、猪肚、豹尾**，仔细想想，这不也算是一种技巧么？"一旁的佳佳插话道。

　　我越听越糊涂，便说："凤头猪肚豹尾？这是什么？你们在说什么？不太明白，这东西听都没听过。"

　　"这个啊？是写文章的一种方法，凤头、猪肚、豹尾分别对应的是文章的开头、主体、结尾。"佳佳解释道。

　　小宝点了点头，道："是的，这是元代文人乔梦符谈到写乐府的章法时提出的凤头、猪肚、豹尾之喻。"

　　"我还是不明白，能不能仔细解释一下，究竟什么是所谓的凤头、猪肚、豹尾呢？"

　　佳佳瞅了我一眼，说："这都不知道，真是败给你了。首先是凤头，顾名思义，就是拥有像凤凰的头部一样美丽、精彩的开头。一篇好的文章，它的开头一定是能够迅速吸引人的。

"高考阅卷老师一天要看上百篇作文，每篇作文的阅卷时间不超过5分钟，这个工作量可是非常大的，如果你想要从上百篇作文中脱颖而出，让阅卷老师眼前一亮，那么最好用的方法就是凤头。简单来说就是把开头写好，让阅卷老师看到你作文的第一句话就被吸引住，使其有不由自主看下去的冲动，否则，你如果连优美的开头都没有，即使你后面写得再好，再精彩绝伦，但别人可能看了你的开头后就没有继续看下去的耐心了。"

"嗯，佳佳说得没错，记得《将进酒》第一句：'君不见，黄河之水天上来，奔流到海不复回。'这是何等的大气磅礴，人们看到这句话的第一眼就会忍不住往下读。"小宝点头道。

我在笔记本上记下重点，继续问道："凤头我理解了，那猪肚呢？猪肚可不漂亮。"

"猪肚不是指猪的肚子有多好看，而是指其饱满度，一篇让人拍手叫好的文章不能光靠华丽的辞藻和优美的句子堆砌而成，若是一篇文章没有饱满实在的内容作为基础，没有充实丰富的主题作为支柱，就不算是好文章，不但不好，而且还会被冠上华而不实、矫揉造作、徒有其表的帽子。所以，猪肚的意思就是文章主体内容尽量精练饱实，有实实在在的东西，而不是为赋新词强说愁，无病呻吟。"

"原来是这样，我明白了。"

"小宝，豹尾就由你来讲吧，我口干舌燥的，先喝口水。"

　　小宝对佳佳做了个OK的手势："古人云，好的结尾，有如咀嚼干果，品尝香茗，令人回味再三。人们称好的文章结尾为豹尾，意思是指其结尾简洁、明快、干净利落，犹如豹尾劲扫，响亮有力。简单来说，就是文章的结尾需让阅读者看完之后感觉意犹未尽，还想再读，如果能做到这一点，你作文的分数就不会低。"

　　"凤头猪肚豹尾……嗯，我大概明白是怎样了，原来写作文只要根据这三个东西来写就好了，哈哈，以后我的作文应该不会再拿低分了。"我得意地笑了起来。

　　佳佳鄙夷地看了我一眼，说："得，瞧把你给笑的，这些可都是最简单的作文技巧。"

　　"难道还有其他方法？"

　　小宝点了点头："的确，凤头猪肚豹尾是最基础的写作技巧。**再跟你说一个，有关作文标题的重要性**。虽然有些试卷是固定了作文标题的，但还是有很多试卷不固定标题，这个时候，一个精练优美的标题往往能让阅卷老师眼前一亮，好标题可比好开头还要容易'吸睛'，要知道，好的标题可是被称为作文皇冠的。"

　　"话说，这标题该怎么去练啊？"

　　佳佳说道："教你个最简单的方法，找到近几年的高考满分或者高分作文，去看看别人的标题是怎么取的，然后加以模仿或者背诵，考试时灵活运用，依样画葫芦，说不定就可以用到。"

　　小宝点了点头，接话道："另外，写好主题和文体也是作文的重中之重，现在高考作文只有两种文体，一是记叙文，二是议论文。

　　"记叙文多注意抒情和总结哲理，议论文多重逻辑与严谨。注意，议论文一定要主旨鲜明，论点、论据、论证都要完整；而记叙文要有相应的事例，杜绝通篇大论，没有记叙。

　　"写考试作文，一定要在动笔之前想清楚，自己到底该写什么文体。如果题目有规定，就根据规定来；如果没有，就一定要思考明白想好了动笔之后，就必须按相应文体的写法来写，可千万不要开始是议论文，到了一半就变成记叙文了，那可是作文大忌，要是老师发现了，可要狠狠扣分的。"

　　"不止这些，其实写作文之前先在草稿本上列个小提纲也算是个方法。我就喜欢在写文章之前列提纲，因为列了提纲我的写作思路就会很通畅，不会出现想到哪写哪的尴尬情况，而且提纲也可以保证作文不会轻易离题。如果是边想边写的话，在写的过程中是很容易节奏失控的，一旦节奏失控，后果可是不堪设想。"

　　小宝认可地点了点头，叮嘱道："不过，时间可要掌握好，如果时间紧张，提纲尽量简练些，别分不清主次在提纲上浪费了过多的时间。"

　　他们两人就像被人点燃了隐藏在内心深处的学习火焰，越谈越有精神，你一言我一语根本停不下来。

　　"小木，还有个好方法，如果有时间的话，我建议你去背一些优美的范文，到考试时候，你可以灵活地把别人用的优美的句子或者结构为己所用，有时候一段精美的语句，你稍微用自己的话把它写出来，效果也是挺不错的。"

小宝笑道："也可以多背背时政分析，近几年作文题可有不少是来源于现实生活中的大事。不光如此，多看看时政文章也能提高你写议论文的水平，还能顺便复习下政治，一举两得。"

"作文字迹很重要！ 字可是作文的脸蛋，千万要把字写得好看一些哦，说不定老师会因为你的字好看就多抛两分给你了。"佳佳也跟着笑了起来。

"作文开头与结尾最好简练，不要太冗长，切记大头大脚，不然开头占了太多空间，阅卷老师可能会看得很难受，这会影响他看你文章内容的情绪。试想，一篇文章，前面几行挤满了字，像个大头娃娃，谁看了都会不喜欢的。"

"小宝说了开头，那我谈谈结尾，除了刚才所说的豹尾之外。一般来说，结尾的作用是总结全文或者点明主题。假如你写的是记叙文，那要注意抒情。如果是议论文，则要注意归纳。无论是什么文体，结尾不能随便，你也不希望辛辛苦苦写好的一篇文章最后败在结尾的一两句话上面吧？结尾写好了，则可以为你的作文起到锦上添花之功，有时候，一个优秀而精致的结尾，给阅卷老师的感觉可是如沐春风哟。"

"保持卷面整洁，如果出现了错别字千万不要把那个字涂成黑团团，错字就用直线轻轻划掉就好，不然一篇作文出现各种各样难看的'污点'，可是会令阅卷老师感到头疼的。"

"作文字数尽量比规定字数多出50到100字……"

"名人名言可以用，但切记贪多，可不要让一篇作文变成一篇名言摘抄……"

等到他俩说完，我已经用笔记录了满满一页，望着这些技巧，我不禁感慨，原来写作文也有这么多值得学习的方法啊。

因为还有不到十分钟下午第一节课就要开始了，我必须要回到自己班级准备上课，只好跟他俩告别。

临别前，佳佳拍了拍我的肩膀，笑道："加油，希望下次能在老师那里读到你的范文哦。"

"嗯！谢谢了！十分感谢！"我弯下腰，向二人好好鞠了个躬，没料到这一鞠躬惹得他们俩笑得前俯后仰。

看着他俩欢快地笑着，我也跟着笑了起来。

在内心，我对自己说："加油！林木！保持积极的心态去面对每一天！苦心人天不负！你会成功的！"

洛阳亲友如相问，一片冰心在玉壶。——王昌龄

接二连三的失败！难道我真的不适合读书？

"真是头疼！越做越做不出！"我撑着腮帮子，呆滞地望着桌上的英语试卷，卷面上布满了耀眼的红叉。

它望着我，似乎在嘲笑我的无能。

我望着它，心有怨气，却是无可奈何。

"还是先背单词吧。"我叹了口气，拿起了一旁的英语单词书，默声背读。

"小木，这段时间很努力嘛，学得如何啦？"自习课刚下课，海波就笑着问我。这段时间还真要感谢海波，他可帮了我的大忙，虽然仅仅是不打扰我，但对于一个上课喜欢讲话、喜欢捣蛋的人来说，控

制住自己，强迫自己安静下来也是很不容易的事。

"没事没事，为了兄弟嘛，反正我上课睡睡觉看看小说就好了。"

后来，我主动感谢他，请他吃饭时，海波对我如此说道。

"效果不怎么样，你看这效果，唉。"我摇了摇头，把刚做的卷子递给海波看。

"别，我看见卷子就心烦。再说，英语这东西你给我看我也看不懂。不过，话说回来，你这上面的叉叉也太多了吧，我感觉我就是蒙都要比你对得多。"

听到海波这么说，我心情更加烦闷了。要知道，这段时间自己可是全身心都扑在书堆里了，本以为成绩会提升一些，可没想到，努力奋斗这么久，成绩还是差得一塌糊涂，甚至我感觉这几天做的卷子比以前还要差。

"我现在头都是大的，这段时间背英语单词，背得我整个人都快疯了。早知道高一高二就好好读书了，要不然也不会沦落到现在这样，为了赶时间，每天背一百多个单词，脑子都有点吃不消。"我深吸一口气，又拿起单词书，虽然这个时候我的心里面是极度抵触英语的，但我却无路可退，只能硬着头皮背下去，要不然今天的任务可是完不成了。

"你这样好么？身体是革命的本钱啊，哥们。"海波从抽屉里拿出一盒饼干，递到我面前："吃点吧，补充点营养。"

我摇了摇头，拒绝道："谢了，我现在不太想吃，一是没心情，二是这东西吃了会口干舌燥的，等下不好读单词。"

海波苦笑了两声，说："你呀你，还是先把心态放好吧，别太急了，适当放慢点节奏。"

"我是真的没什么好办法，我现在可以说是零基础，重新拿起笔和本子要跟别人比成绩，如果再不加把劲，我真没希望能考上大学。"

"努力是好，不过……唉，随你去了，我也不好说什么。反正，不管怎样，兄弟，我永远支持你好吧。"海波拍了拍我的肩膀，没再说什么。

"谢了。"

我继续咬着牙，埋头背单词。

五天过后，高三全年级举行英语统考。

直到进考场的前一刻，我还在努力地背着英语单词，只希望努力能获得回报。

"哥们，这次就看你的了，期待你的爆发。"进考场时，海波搂着我的肩，鼓励道。

我点了点头，深吸一口气，认真道："放心，看我的。"

铃铃铃……

随着考试铃声响起，所有人都安静地坐在了属于自己的座位上。

虽然这次考试不是月考，也不是全市统考，只是一次普通的英语考试，但是到了高三，每个人似乎都变得非常认真，把每一次大规模的考试都当作对自己的一次试练。

因此，教室里的每一个人都静气凝神，全力以赴。

我闭上眼，不断地深呼吸，以便用最短的时间调整好自己的状态。

片刻，英语试卷依次发下。拿到试卷后，我迅速写下名字，填好答题卡，认真地审阅听力题目。

几分钟后，随着广播声响，英语听力正式开始。

虽然听力部分我仍旧感觉很吃力，可是至少现在能模模糊糊听懂一些句子了，不再像以前一样，听听力就是听天书。

我艰难地在各种复杂的长短句中分析着答案，听力实在是我的弱项，别无他法，只希望能多蒙对几个。

果然，与英语的斗争是个长期过程，无法一蹴而就。

听完听力，接着是阅读部分。

我长舒了两口气，试图去抚平心里的纷乱，尽量少让听力部分的失利影响到接下来的发挥。

本来，我的预想是如果听力失利了，就在阅读部分挽回一些分数，到时候总分出来也不会太差。

可是，当我真正去做阅读题目时，彻底傻眼了。

完全看不懂！

我感觉有汗水一直从额头流到了鼻尖，咽了一口口水，我以为是受到听力的影响，心理状态不好，导致自己第一时间没看懂文章。我深吸几口气，在心里告诫自己，冷静，冷静下来。

一分钟后，我擦拭掉额头的汗珠，第二次试着去做题。

还是不会。

第二次了，我还是看不懂这篇阅读到底在说些什么，根本不明白。

这个时候，我开始急了，虽然早已过了炎热的季节，我却满头是汗，拿笔的手更是颤个不停。

"我能行的，我能行的，努力不会白费的。"我在心里给自己鼓气。

应该是这篇阅读题太难了，一定很多人做不出来，所以不要急，我一边安慰自己，一边看向下一篇阅读。

可是，当我开始做剩下的几篇阅读题时，我发现自己依然无法下笔，虽然有些单词我知道意思，可是光凭几个单词，根本就没办法知晓整篇文章的主题和内容，题目还是不知道怎么解答。

我呆望着摆在眼前的英语试卷，内心烦躁不安，这时，我抬头望了眼黑板上的时钟，发现考试时间已经过去一大半，而我却没做几个题目。

焦躁感与挫败感犹如一把利刃，不断地在我的胸口割过。

等我从考场走出来，整个人已是身心俱疲，脑袋一片空白，仿佛对整个世界都失去了希望。

"小木，怎么样，感觉不错吧？"海波边笑边拍着我的肩膀说。

我没有一丁点心思和他说话，换句话说，我现在不想看到任何一个人，如果可以，我希望赶快逃离这个残酷的地方。

"我心情不好，想静一静。"

海波皱了皱眉头，说："你怎么了？考试之前还好好的，考个试出来就成了这样。"

"没什么，你让我一个人安静一下。"我摇了摇头，从他身边走过。

"欸，你这心理状态不对啊，一场考试而已，至于吗？又不是高考？再说，连我都知道，冰冻三尺非一日之寒，你太急于求成了。"海波从我身后追了上来，语气不再随意。

我有些恼怒，大声道："呵，我难道没努力？这一个多月来，我难道还不够拼命？"

"兄弟，我不是说你不够努力，我的意思是慢慢来，别太着急了。再说，一场考试又不能证明什么，说不定你下次考试就能考好呢？"海波摇头道。

我苦笑道："没有下次了，我就这个样子，就是扶不上墙的一摊烂泥，一个什么也学不好的废物！"

我推开他，冷漠地朝前走去。

"可笑，经不起任何打击，你也能算个男人？一场考试就把自己贬低成这样。"

身后，尖酸刻薄的话语不断传来。

"我早就说你不行，你还偏要去认真读书，现在知道了吧，垃圾就是垃圾，你真以为努点力就可以不当垃圾了？还上大学，哈哈，老子听了牙都要被你笑掉了。"

考试的失利、努力的白费、能力的欠缺……这些负面能量犹如威力巨大的火药，而海波的话无疑是一团火苗，彻底点燃了我内心的愤怒。

"你有本事再说一遍！"我狠狠地抓着他的衣领，愤声高斥。

"垃圾，垃圾，垃圾……你还要我说多少遍？没用的家伙，努力那么久还不是个垃圾，你要有本事，就拿成绩来打我的脸！可是，你有那个本事吗？哈哈！没有吧，没有就好好地躲到墙角去舔伤口，不要出来丢人现眼。"

"好！你等着！"

我松开了他的衣领，气冲冲地走回了教室，坐到座位上，二话不说拿起一本英语习题册做了起来，我心想一定要给海波好看，让他后悔，让他看到我的成绩无地自容！

我埋头在学习之中，外界的一切都影响不到我，等我再回过神来，才发现已经过去了两个小时，而这时海波也回到了他自己的位子上。

或许是时间冲散了怒气，或许是自己意识到了某些东西，当我看到海波的时候，内心竟冒出一股莫名的愧疚感。

刚才那是激将法吗？

我回忆起海波的所作所为，回忆起和他一起玩过、笑过、放肆过的日子，回忆起他的率真、他的义气、他的鼓励……我突然发现刚才的自己是多么可笑。

如果不是关心你、支持你、希望你变得越来越好的挚友，凭什么要忍受你的怪脾气？忍受你难听的责骂？忍受你那糟糕的情绪？

如果没有海波刚才的"挑衅"与"激怒"，或许自己再也不会拿起英语书了吧。

"海波……那个……"过了片刻，我对着海波心感惭愧道。

海波见到我扭扭捏捏的模样，扑哧一笑，拍了拍我的肩膀悄声说道："兄弟，吃饼干吗？来，吃块饼干放松下，放心，这次我还帮你买了瓶可乐，保证你吃完饼干不会感到口渴。"

我心中一暖，笑了起来。

"吃！"

书中自有黄金屋，书中自有颜如玉——赵恒

挑灯夜读——传说中的达·芬奇睡眠法

经过几天的休整，我感觉自己的学习状态已经回暖。

随着高考的临近，我发现整个班级呈现出一种极为沉闷的氛围，似乎所有人都一头扎进了学海之中，窒息压抑，无人能浮出海面呼吸。

"怎么会变得这么安静？"我抬起头，周围鸦雀无声。

这时已经是下课时间，可是整个班级却没有一个人起身玩乐，所有人都在埋头苦读，甚至连海波都伏在桌上，紧锁眉头，认真做题。

我放下笔，扭了扭僵硬的脖子，深吸一口气，准备趁着下课时间，坐在座位上放松下状态。

时间越来越紧迫，所有人都拿出了百分之一百二十的努力，不敢有丝毫松懈。

"寒窗十二载，仅留数百日。此时若糊涂，老大徒伤悲。"

我突然想起了语文老师曾在课堂上写的一首打油诗，后来我把这首诗抄在了便利贴上，粘在桌角，以此来告诫自己：尽管再累，都要坚持，咬牙撑过剩下的数百天，绝对不能让自己后悔。

我望了望黑板上的时钟，正好用时九十分钟，刚才趁着两节自习课时间已经做完了整整一张数学试卷，接下来，我准备利用一节课的时间来对答案和整理错题。

几个月的拼搏，使得我现在的成绩已经能稳定跻身全班前三十了。虽然对很多优等生来说，这样的成绩算不了什么，甚至还有点"偏差"，但对于一个高二期末考试还在全班排名第五十一名、位列倒数第三的差生来说，仅仅花了几个月的时间就有这个成绩，已经感到很满意了。

对完答案后，我简单地估算了一下分数，嗯，115分，这对于我最近几次的数学自测来说，是一个不高不低的中间分数。当然，我发挥最好的时候数学分数其实也不过127分，这与学校那些动辄就140多分的学霸来说，简直是小巫见大巫。

我认真地把这次数学试卷中出错的题重新做了一遍，并且在草稿纸上，认认真真地把整个错题与正确答案都给抄写了一遍，想以此来告诫自己，同样的题下次绝不能再做错。

把所有错题都整理完毕后，我找到此次试卷最难的两道附加题，一边看着试题答案，一边试图去理清楚这两道题的解题思路。

"小木。"我感觉自己的肩膀被人拍了一下，一个慵懒的声音从耳边传来。

随着音源望去，发现面黄肌瘦的小小清正一脸苦相地站在我面前。

我惊奇道："小小清？你怎么了啊？为什么整个人看起来好不对劲？跟几天没吃饭了一样。"

他摇了摇头，疲惫不堪地说："不是没吃饭，是没睡觉。"

我对小小清的回答感到十分不解，继续问道："没睡觉？你晚上干什么了？不会是也在学习吧？"

他叹了口气，用手拍了拍脸颊，强打起精神，说道："小木，你陪我去操场走走吧，反正现在也是休息时间，我看你试卷也做完了，就当是透透气。我待会告诉你一件事，说不定对你有用。"

我满脑子疑惑，问："什么事啊？"

小小清卖着关子，呼了两口气，说："等会儿你就知道了，有关学习方面的。"

片刻后，我跟着小小清来到了操场，他一头趴倒在柔软的草地上，像睡着了一般，一动不动，默不作声。

我感到有些莫名其妙，问他："你不是把我叫过来看你睡觉的吧？小小清？"

他慵懒地翻了个身，重重地打了个哈欠，说："没，没，我刚是不小心睡着了……这草地太舒服了。"

我有点郁闷："那你叫我来干吗？你想睡的话就回寝室睡好了。"

他双手撑在草地上，抬头望着我，说："小木，你知道达·芬奇睡眠法吗？"

"达·芬奇睡眠法？"

"嗯。"

我摇了摇头，如果他是问达·芬奇的话我知道，文艺复兴三杰之一，历史上最出名的艺术家之一，历史题经常会考到他，不过，小小清所说的达·芬奇睡眠法是什么？

"达·芬奇睡眠法啊，顾名思义，得名于著名画家达·芬奇，相传达·芬奇每4小时只睡15—20分钟，这样一天下来只睡2小时左右，把其余的22个小时从事创作，而且还能保持充沛的精力。到了20世纪，德意志帝国科学家西曼斯基在研究动物的睡眠行为时发现了这种神奇的睡眠方式，并研究出某些人类也有这种睡眠方式。"小小清洋洋洒洒地给我科普了一大段，不过我还是没太听懂。

"一天只睡两个小时么？这样身体难道不会垮吗？"

小小清对我摇了摇头，说："你听我说，我之前看过一篇报道，那上面说达·芬奇睡眠其实是一种多相睡眠，多相睡眠的意思就是把完整的睡眠时间分割开来，通过短时间多次数的睡眠补充，来使身体保持应有的活力。不少使用这种睡眠法的人可以通过它来缩短睡眠的总体时间，但是请注意一点，他们的精神状态能和连续睡9个小时的单相睡眠差不多，换句话说，他们每天比我们多出了将近7个小时的时间！你说，如果我们能学会这种方法，是不是有更多的时间来工作学习？"

"有这么神奇吗？"

听小小清这么一说我是真的有点动心了，毕竟这种睡眠法听起来还是有那么些科学的，我第一感觉达·芬奇睡眠法有点类似人们常说的番茄工作法，都是把事情的整段性分割成多段性，以此来达到劳逸结合、效率提升。

小小清点了点头："按照常理来说，白天工作、晚上睡觉是大部分正常人采用的睡眠，这种睡眠也叫做深度睡眠。同样，单次性睡眠是指一天一次睡个够，就像常人都需要睡够8个小时，第二天才有精力学习工作一样，这种睡眠方式只有人类和灵长类动物才会的。

"所谓多相睡眠，也就是达·芬奇睡眠，它所指的就是一会儿醒一会儿睡，分割开整段的睡眠，很多动物，例如狗和猫的睡觉就是多相睡眠。在我们日常生活中，有时候也会出现多相性睡眠，比如打盹和午睡。"

"你的意思是我们可以做到多相睡眠？"我有点激动，如果一天能比别人多出6~7个小时，那么我相信我的成绩又会更进一步！

"我相信是可以的。因为人从子宫里诞生时，作为婴儿是没有昼夜概念的，那个时候无论谁都是多相性睡眠，因为你会看到婴儿每天经常会不分昼夜地分散性睡16个小时左右，但等他长大了，长到3~4个月时，受到周围环境的影响和家人们的'隐形强制'，就会渐渐变成晚上睡觉、白天活动的作息习惯。

"慢慢地，习惯养成后，多相睡眠就变成了单次性睡眠。不过有些人仍保留着每天午睡的习惯，这也算是一种变相的多相睡眠，如果他们不午睡的话，人就会变得异常疲劳，整个下午的工作和学习都会因此大打折扣。"

我听完后更心动了，赶忙问："小小清，你懂这种方法吗？你能教教我吗？"

小小清打了个哈欠，回答道："我也是这两天才学会的，自己也还在摸索。话说回来，我感觉好困……可能是不太习惯吧，还没适应过来，整个人还昏昏沉沉的，只想睡觉。那个你自己去试试吧，就是每过两个小时或者三个小时小睡几十分钟，时间你可以自己制订……呼，两个小时了，我先在这儿躺个二十分钟，小木，祝你成功。"

我迫不及待地想尝试这种听起来十分新颖而强大的睡眠法，回到家之后，我制订了一个计划表，就是每过2个小时休息15分钟，因为是第一次尝试，所以并没有太强制，为了防止一下睡过头，我按照计划表给自己的闹钟调了多个时间，以此来保证达·芬奇睡眠法能顺利实施。另外，我还特意准备让自己通过做试卷刷题海的方式，以此来抵制睡眠。

我一边想着自己顺畅地利用着达·芬奇睡眠法，一边想象着自己的成绩笑傲全班，就这样想着想着，一直到沉入梦乡。

之后，我每隔两个小时起来一次，虽然咬牙尽力并且通过做题的方式使自己清醒，但整个人精神状态却一直不好，做试卷的效果也是奇差。开始我一直以为只要习惯调整过来就好了，可是几天过后，我跟小小清两个人不但达·芬奇睡眠法没有学会，反倒是每天浑浑噩噩，严重耽误了学习。

直到星期天，我上网搜寻相关资料时，才发现所谓的达·芬奇睡眠法其实早在很多年前就有科学专家对其进行过一系列的研究，最终得出结论是：这种试图利用多次短暂的打盹来减少睡眠总量的做法，会让睡眠不同阶段的时间都缩减，扰乱生物节律，最终可能会造成类似睡眠剥夺和睡眠节律紊乱症的负面效果，例如身体和心理的机能减退，焦虑和紧张感增强，免疫功能降低。至此，我们的伟大计划最终被宣告成一场闹剧。

在经过一个星期的短暂实验后，我和小小清一致认为我们俩并不适用达·芬奇睡眠法，如果再强迫实施下去，会对接下来的学习造成毁灭性的打击，所以在星期天好好地补充了一天的睡眠之后，我和他重新回归了正常，再也不敢妄想通过旁门左道的方法来提升成绩了。

从那以后，我也明白了一个道理："凡事都要脚踏实地去做，不驰于空想，不骛于虚声，而唯求真的态度作踏实的功夫。以此态度求学，则真理可明；以此态度做事，则功业可就。"

仰天大笑出门去，我辈岂是蓬蒿人！——李白

成功的曙光

艳阳高照，阳光从窗户外飘洒进了教室。

数学课上，老师正在给我们解析一道十分难的几何题，据说这道题曾经是某个省的高考附加题，因为难度过于巨大，所以当初能做出这个题的学生寥寥无几，就连一些数学老师在看到这道题后都需要思考很久。

今天，之所以数学老师要把这道题单独拿出来教我们做，是她觉得这道题里面综合了多种知识点，是一道可以拿出来作为典型的几何难题。她说，如果我们能学会怎么去解这道题，那么以后再遇到一些复杂的几何题目时，就可以按照今天她教的方法，一步一步去推导

解答。

或许是太过烦琐与困难，整个黑板都被老师写满了密密麻麻的推导公式与几何方程式，刚开始我还能勉强跟上她的解题节奏，可是到了后来，我就有点云里雾里了，望着那些莫名出现的方程式，一头雾水。

一旁，小小清叼了根笔，左手撑着腮帮，呆呆地看着黑板。

"小小清，问你啊，右下角那个方程式怎么来的？我没太看懂。"我问道。

他偏过头，看了我一眼，叹了口气："我除了前面一排看懂了，后面是啥也不知道，跟看天书一样，还想问问你呢。"

小小清算得上是我们班数学较好的那一批人了，想不到这道题竟然连小小清都看不懂，可见其难度之大。

我叹了口气，一边抄写着黑板上的解题思路，一边嘀咕着："有的放矢，有的放矢，林木啊林木啊，你要抓住主要矛盾，现在离高考没有多长时间了，你可不能在偏题难题上钻牛角尖啊……"

等等……难道这里……

突然，在我对着黑板把解题过程抄到一半的时候，有一股清泉猛地从脑中喷涌而出。这时，我的感觉只能用陶潜的一句话来形容："初极狭，才通人。复行数十步，豁然开朗！"

眼前，密密麻麻的方程式变得不再繁杂，原本如糨糊一般的思路也渐渐变得清晰起来。

"我知道了！我知道了！"我止不住兴奋，低声喊了起来。

小小清一脸疑惑地看着我，说："小木，你知道什么了？"

我指着黑板，有些激动地说："小小清，我知道怎么解了！我看懂了，我全都看懂了，老师她省略了几个步骤，所以先前我一直没看懂，这下我能解释最后几个方程式和答案是怎么来的了！"

小小清挑着眉头，半信半疑道："真的么？我怎么没看出来。"

就在小小清话音未落之时，数学老师的声音从讲台上传过来。

"想必有些成绩好的同学已经看出来了，我从这里到这个地方都省略了一些步骤……这些步骤对这道题的解答来说至关重要……有没有同学知道我这里省略了哪几个步骤？"

小小清一脸震撼地看着我，过了半天才举起一只大拇指，称赞道："小木，你真是太厉害了。"

我不好意思地摸着头，说："就是突然想起来……因为之前做过类似的题目，有点印象……"

"有没有同学知道是哪几个步骤被省略了？有的话请举手。"数学老师在讲台上问着。

同学们你望我、我望你，全班没有一个人举手。

"赵亮，胡洋，你们俩知道吗？"数学老师指名道姓地点了我们班数学成绩最好的两个同学。

然而，他们两人皆是摇了摇头，眼神中充满惭愧。

"班上有没有人知道如何做这道题？如果知道做，就肯定知道我这里缺了哪几个步骤，这里是解题的关键所在……有的话，请举手。"

"小木，举手啊，展现你实力的时候到了！"小小清压低声音怂恿道。

"啊！不要吧，我怕到时候做错了出丑……"

"没事，上啊，这全班就你一个人想出来了，你怕什么，错了也没关系。"

我使劲地摇了摇头，心里没有任何自信。自己从高一到现在，从来就没有因为学习方面的事而主动发言，一般都是老师叫起来被动回答问题，而且多数时候也都是些错误的回答，更别提这种全班都没做出来的题了。我要是举手了，肯定会被一些人冠上不自量力的帽子，更别提要是题目做错了，那脸就丢大了。

因为我始终认为自己还是那个全班排名四十多的差生。

"真是的，一个大男人，扭扭捏捏像啥样！"这时，原本在看小说的海波喷了喷嘴，不屑地说道。

"看来我们班是没有人举手啊，好吧，我来跟你们讲讲这里的思路……"数学老师摇了摇头，说道。

突然，数学老师满脸疑惑地说：

"咦？廖海波？"

一刹那，全班同学的视线齐刷刷地聚焦在海波的身上。

我僵硬地转过头，发现海波正高高地举着一只手，他微微转过头，对着我一阵邪笑。

不祥感犹如海啸，正从四面八方朝我袭来。

"廖海波同学，你举手是因为你知道该怎么解吗？"数学老师愣了片刻，她似乎不是很相信全班倒数第一的海波会做这么难的题。

当然，海波确实不会做，他只是当着我的面挖了一个坑，然后让我乖乖地跳下去。

"我不会，但是林木会做。"海波站起身，大声回答道。

霎时，全班五十多双眼睛猛地看向我，眼睛中流露的有震惊、有好奇，但更多的是质疑。

我被众人看得如坐针毡，两只手心攥满了汗水，一双腿颤个不停。

数学老师转而看向我，脸上表情依旧是充满疑惑。显然，我在她心里面，跟海波的水平并没有太大的差距。

"林木同学，你会做吗？"她问。

我抚着怦怦跳动的胸口，深吸一口气，抱着豁出去的心态，点点头，道："我会。"

当我坚定地说出这两个字时，许多同学发出了不可置信的声音，一时间底下细语纷纷。

"那好，你上来做吧，从这儿到这儿的几个步骤，你写一下。"数学老师擦拭掉一些无关紧要的方程式，特地给我留出了半块黑板的空白。

我颤悠悠地走上讲台，接过老师递过来的粉笔，紧张得无以复加。

前方，是巨大而深邃的黑板；旁边，是老师质疑的目光；身后，是无数同学的低声议论。

我不断地在心里给自己打气，告诉自己放松心态，保持平常心，千万不要紧张。

我长舒了两口气，开始在黑板上写下第一个字。

随着黑板上的字数越来越多，我的自信也逐渐增多，题感与思路也越来越好。

一旁，老师不断地点头称赞，还不时就我做的解答向座位上的其他同学做出解释。

受到了间接的鼓励，渐渐地，我的解题过程如同行云流水般，没有一丝停顿和犹豫。

等到我一气呵成写下最后一个数字时，整个班级都变得安静了。我还在寻思是不是我什么地方做错了，所以才没人发出动静，当我壮着胆子回过头，发现全班的目光都在注视着我。

耳边，数学老师的掌声渐渐响起。

身前，掌声如雷。

"小木！你真厉害！"海波站起来喊道。

紧接着，我们那群排名倒数的"差生团"所有人都喊了起来。

"牛！"

"林木，你真给咱们争气！"

那一刻，我像个小孩一样傻笑了起来，

那一刻，我看到有光从窗外照进了我的眼中。

那道光，是成功的曙光。

海到无涯天做岸，山登绝顶我为峰！——林则徐

苦心人，天不负！

　　自从上次数学课一题成名之后，我的信心越来越强；又因为有了前车之鉴，使得我能放平心态，戒骄戒躁。

　　三个星期过后，一次大考摸底来了。

　　这次考试我并没有太多感触，因为每一科考试我都是以平常心对待，在认真与细致的做题中，几个小时的漫长考试也很快过去。

　　当最后一门文综考完，我旋上笔盖，舒了一口气，走出考场。

　　刚出门，就能听到许多同学在走廊上叽叽喳喳地说着话，不经意听去，能知道他们是在互相验对文综的选择题答案。这样的情况，几乎在每一科考试完后都会存在。

以前，我也是个喜欢考完后第一时间找其他同学对答案的人，可是后来听了吕文的建议，也就尽力去克制住这种不良的习惯。

他这样说："如果双方答案一致还好，一旦自己的答案和别人不一样，对于心理防线脆弱的人来说，那将会带来不良的影响。其中最无奈的就是：你和别人对答案，别人的答案与你不同，他用各种道理把你说服，让你觉得自己的答案错了。然后，你因为做错了题，所以心态失衡，导致连锁反应，接下来的一系列考试都没考好。但到最后，老师公布正确答案，你却意外发现原来你的答案才是对的。"

我加快步伐，不去听他们说答案，试图保持一个平和的心态，去准备接下来的学习。

晚上的时候，按照考试惯例，我们老师把所有科目的答案印在纸上发给了我们，让我们自己去对答案，并利用晚自习的时间去分析总结错误的地方，第二天再由老师来讲解试卷。

当试卷答案发下来之后，教室里顿时炸开了，各种讨论、各种惊讶、各种喜悦，还有各种悲伤。

当答案从前往后发到我手中时，我第一时间并没有打开这份答案，而是让它静静地躺在桌上，旁边的其他人已经在一字一句地校对答案，可我却依旧无动于衷。

并不是因为冷静，也不是因为对答案不在意，而是因为害怕，我承认我有些懦弱，前几次的失败使得我变得胆小起来，我很怕分数低了自己不能接受。

尤其是刚在全班同学面前有了那么一点点的荣耀，我很怕因为这次考试的失利而烟消云散。

望着眼前的答案，我在心里进行着激烈的斗争：对，不对，对，不对，对……

就在我坐在座位上天人交战的时候，好朋友小慧哭丧着脸，跑到我前面来，郁闷说道："小木，我数学又考了个低分。"

我看着一脸苦相的小慧，安慰道："放心，放心，你后面还有我来垫底呢！"

她瞪了我一眼，说："不要以为我不知道，你数学现在可好了，上次那个附加题全班就你做出来了。"

"那是运气，运气。"

小慧冷哼一声，径直把我放在桌上的数学试卷抢了过去。

我还没来得及说话，就看到小惠在那儿边对答案边用红笔在试卷上打钩。

起初，小慧还一脸怨气，嘴里念念叨叨的，可对着对着就不说话了，脸上的表情转变成了无比惊讶。

"小慧，你怎么了？"

我好奇地把脑袋凑到她那里去看，这不看不知道，一看把我着实吓了一跳。

整张卷子竟是布满了红勾！

我愣了几秒，满是震惊，我颤着手，指着那张卷子，不敢相信："小慧……这是我的卷子……吗？！"

小慧认真地看着我，然后点了点头。

我整个人都颤抖了。

"天啊！你怎么突然变这么厉害啊！小木！"小慧一只手扯着我的衣服说道。

我看着试卷上的红勾勾浑身发起抖来，我是真的不敢相信，虽然我有信心这次考试肯定要比上次有进步，但是我没想到自己的进步会是这么大。

我没理会小慧在扯我的衣服，直接抢过她手上的答案，开始自己对了起来。

"对了，这个题对了，这个题也对了！啊……这个题我以为是错的，竟然也是对的！"

我一边对答案，一边欣喜若狂。

最后，我估算了一下分数，这次数学考试，我应该能上120分！

我有一种说不出的激动，我用手死死地抓着卷子，兴奋得无以复加。

"小木，你这个人真坏。"

这时我才猛然发现，原来自己旁边还站着小慧。

我抬起头，发现小慧正一脸不悦地看着我。

"你真是过分！你明明考这么好，还说是垫底，你这是故意在讽刺我吗？讨厌你！"小慧说着就气呼呼地走了。

"啊啊！对不起，我也不知道能考成这样啊……小慧，你别生气。"我赶紧放下手中的卷子，追了过去。

虽然我表面上很慌张，但心里还是挺高兴的，因为这次数学考试的成绩已经远远超过了我的预想。

　　等我追到小慧的位子上时，发现她正伏在桌上，两只手抱着头，一句话都不说。

　　我过去用手碰了碰她的手臂，她没抬起头，但极其不爽地"哼"了一声。

　　小慧的这一声"哼"实在太萌了，我一下没忍住笑了出来。

　　笑音未落，只见她突然抬起头，用手指着我的鼻子，气呼呼地说道："你还笑！你这人真是要不得，我都这样了，你还幸灾乐祸！不理你了！"

　　她说完话立马趴回桌上。

　　"小慧，小慧，我错了好不好，别生气了，都怪我，不生气了好不好？"我蹲在她位子边上，小声地说道。

　　沉默了两三分钟之后，小慧突然抬起头，站起来把我往回推："好了我没事了，你快回去做作业吧，离高考时间不多了，你赶紧去学你的，也别在我这浪费时间了，我没事的。"

　　我拗不过她，只得回了座位。

　　可当我再回过头看她时，却看到她坐在位子上，低头看着桌上的数学试卷，双眼通红。

　　她咬着嘴唇，强忍着泪水在那里做题。

　　看到这一幕，我头脑一片空白，一时间不知所措。

　　我和小慧同学三年了，从高一到高三，高二分班的时候，我们幸运地分到了一个班。和她相处了这么久，也从没看到她伤心过，她在我们面前一直是个开心果，不管遇到什么，都是笑着去面对。

可这次，因为考试，她哭了。

一种内疚感突然涌上我的心头。

正当我想回去安慰她的时候，上课铃响了，我不得不重回到位子上。

看着小慧瘦小的背影，我心里很不是滋味，只得偷偷写了一张充满诚意的道歉信托同学递了过去。

直到小慧递给我一张画着笑脸的纸条，我才放心了一些。

这时，小小清在我边上重重叹了口气，说："哎，这语文怎么这么变态，还让不让人活了？"

语文？

我有些好奇，小声问他发生了什么事。

"没戏咯，语文彻底没戏了……哎，不对了，对起来我就伤心。"小小清把语文卷子往边上一丢，开始对起文综来。

我凑过头去一看，发现小小清的语文选择题竟然错了一半。

不可能吧，我下意识地拿起我的语文试卷对了起来，好吧，这次奇迹没发生，我竟然错了一大半。

难道我又要遭遇滑铁卢了？

好不容易数学成绩好看点，语文立马就要拖后腿？

我怀着忐忑的心情，反过头问了问坐在身后的几个同学，他们语文考得怎么样，结果迎来哀声一片。

"太难了！"

"唉，别问我，我伤心着呢。"

听到这些，我不厚道地舒了一口气，心中暗想："原来不是我的原因，是卷子的问题。"

要难都难，要易都易。

你觉得难的卷子，别人也不一定觉得简单。

我突然又明白了一个道理，就是在面对难题的时候，不要慌张，用沉着冷静的态度去面对。因为难题所谓难，并不是只难倒了你一个，所以面对难题的时候，你需要乐观去面对，保持平常心，千万不要慌神，不能因为题目难而影响了心态。

后面，我对完文综和英语的答案，虽然分数并没有太多提高，但还是比前几次要好了一些。

果然，努力还是有一定效果的。

三天后，班主任老陈把成绩排名贴在了教室门口，一下课，我们所有的同学就一窝蜂地拥了上去。

你一言我一语说着，前十名依旧是"老人"，小小清这次是第十三名。虽然他语文只有90多分，但大家语文成绩都不理想，所以他也没被拉开差距。

当我好不容易挤进去，从倒数第一个往上寻找我名字的时候，这次并没有在最后二十名里找到我的名字。

我找啊找，突然在名单中央发现了我的名字！

林木。

总成绩：518分。

"518？我的天，我竟然上了500分？我这次竟然有518分！"我已经快疯了！

数学120分，语文95分，英语85分，文综218分。

班级排名：第27名。

看到我的成绩和排名，我激动了！彻彻底底地激动了！

我从人群中走出，来到走廊上，望着远方的天空，想起过去辛酸的几个月，想起身旁一直帮助我的那些人，也想起去北京治病的爷爷。

我的鼻子猛然一酸，热泪在眼眶中不停地打转。

我仰着头，不让眼泪流出来："爷爷，我……我成功了……我有希望考上大学了！"

三

蜕变篇

金鳞岂是池中物，一遇风云便化龙。——黄易

高三二期，我来了！

期末考试过去后，寒假便来了。

在这次期末考试中，我获得了令自己较为满意的成绩，当我把成绩单拿回去给家人看时，我奶奶笑得很开心，一直捧着成绩单，不断地说着"孙子真棒"。奶奶问我想考什么大学，我说想考到北京去，这样就能方便去看爷爷了。当我这么说完的时候，奶奶一下就哭了出来，她把我搂在怀里，说我爷爷身体不好，容易生病，但好在有个听话孝顺的孙子，这也算是老天爷给他最大的慰藉了。

寒假，吕文跟我说要不要一起出去旅个游，放松一下，我当时也想放松一下，就答应了。

后来，寒假的第四天，我跟吕文以及我俩共同的好友刘昊，三人一起踏上了前往西安的旅途。

火车上，我们三人分别占据了上中下三个卧铺，微微响起的轰鸣声，配上周围沉寂的气氛，实在让人昏昏欲睡。正当我闲得无聊却又不知道该干什么的时候，吕文的声音突然从上铺传来。

"你们睡了吗？"他问道。

"没有。"我跟刘昊几乎是齐声回答。

"是不是觉得无聊？"他说。

我望着头顶上的床板，回答："呃，是挺无聊的，整趟火车坐下来似乎要20多个小时，刚刚我已经睡了8个多小时了，实在是睡不着，但又不知道干吗。"

"刷手机呗，看看书什么的，看着看着就睡着了，如果醒了就继续看，这样时间会过得很快的。"刘昊对我说道。

"你看什么书啊？"我问。

"小说啊，网络小说，你要不要看？我可以推荐几部好看的网络小说给你，保证你接下来的十几个小时不觉得无聊。"

我说："呃，昊子，你还有时间看小说啊？一部网络小说动辄几十万上百万字，而且大部分网络小说都要追更，这可对学习有很大影响的，我还是不看好了。"

"我可没你们那种觉悟，对我来说，该玩就玩，该学就学，上课我会认真听，但下课我也绝不碰课本。想想，大学我应该是能考上的，这几次月考我还算发挥得不错，反正我家里就想让我考个三本，这我还是没压力的，不过下半学期还是得努努力，说不定能考个二本，那我家里肯定会高兴坏的。"

"那你还不多努点力？难道你看小说是为了提高语文水平？"吕文笑道。

"高才生就别讽刺我了，我说了不会把学习跟玩乐混为一谈的，放假的时候我是绝对不搞学习的，我宁愿只考个三本，也不想淹死在学海里面。"刘昊说。

"你的思想还真奇葩。"我无法理解他的想法。

刘昊说："人各有志吧。"

"好了，不讨论这个问题，既然你们都没有睡意，那我们就来聊聊天。"吕文提议道。

"好啊，不过我们聊什么呢？"我问道。

"这样吧，既然我们是在前往西安的路上，而西安又是闻名遐迩的古都，没有历史就没有古都，我们就来考考历史知识，怎么样？"

"好啊，这肯定很有意思。"我赞同道。

刘昊嘀咕道："提前说明，我是学理科的，历史可差到外婆家了，你们俩玩，我多听少说，省得出丑。"

我说："别啊，一起嘛。"

吕文点头道："没事，昊子，我就出点常识题，不难，都很简单。"

"那你先出一个，我听着。"刘昊说。

"众所周知，西安是我国著名的古都，也是世界四大古都之一……好，问题来了，你们知道西安到底是几朝古都吗？"

我一下愣住了，脑子里只记得四五个朝代把首都设立在西安，但直觉告诉我，西安肯定不止是四五个朝代的古都。

"我就知道秦、西汉、隋、唐这四个。"刘昊说道。

"嗯，这四个都算，不过少了点，小木，你还知道有哪几个吗？"吕文问我。

我思索了片刻，说："貌似东汉也是在西安，西周好像也是吧，对，还有北周。"

"没错，东汉、西周、北周都算，已经七个了。"

"其他的我记不起来了。"我有些惭愧道。

"已经挺不错了，其实西安到底是几朝古都现在还没有定论，所以我就是单纯问问你们。不过，关于西安建都朝代数，有十朝说、十一朝说、十二朝说、十三朝说，直至二十一朝说等12种之多。不过，上述的多朝说只是一种概称，之所以出现如此多的朝代说，是因为暂时还无法确定某些割据政权或者农民起义建立的政权究竟能不能算一个王朝。或者说，他们在西安建都该不该被承认。打个比方说，唐末农民起义领袖黄巢曾在长安建国称帝，国号'大齐'，但他整个政权却仅仅维持了三年就轰然崩塌，长安重新归于唐王朝……"

吕文仿佛一个历史学家，知识储备量简直惊人，各种史料信手拈来，在某些问题上更是有独到的见解。

"那究竟西安算几朝古都呢？"刘昊问道。

"现在大部分学者承认的是西安为十三朝古都。起初，这个十三朝古都之说是由历史学家牛致功教授提出来的。牛教授在《关于西安建都的朝代问题》一文中提出'西周、秦、西汉、前赵、前秦、后秦、西魏、北周、隋、唐等十个朝代在西安建都是没有争议的'后，论定王莽建立的新朝与东汉献帝被胁迫到长安以及西晋愍帝在长安称帝均应视为在长安建都，同时还阐述了北魏孝武帝西奔长安与武则天所建周不应视作在长安建都的理由。因而认为在西安建都的朝代是：西周、秦、西汉、新、东汉献帝、西晋愍帝、前赵、前秦、后秦、西魏、北周、隋、唐等十三个王朝。因为所论依据比较充分，所以颇具影响，为现在多数学者所公认……"

"不过，现在有一种西安为十六朝古都的说法也逐渐被学界认可。也就是有西周、秦、西汉、新、隋、唐等六个统一王朝，前赵、前秦、后秦、西魏、北周等五个分裂时期的政权，东汉献帝与西晋愍帝等两个末代皇帝以及汉更始帝刘玄、赤眉帝刘盆子、大齐皇帝黄巢等三个农民起义政权建都，合计有十六个王朝与政权曾在西安建立首都。"

刘昊悻悻道："天啊，吕文，你脑子里怎么能记这么多东西的？"

吕文笑道："东西多吗？我觉得挺简单啊。"

听到这，同样作为一个文科生，我简直无地自容，说："哥，你就别打击我了。"

"小木，我记得你历史还不错吧，要不你来考考吕文，杀杀他的威风？"刘昊提议道。

"好，我试试。"我偷偷地掏出了手机，打开一个学习软件里的历史难题库。

"六书是什么？"我问。

他不假思索地答道："象形、指事、会意、形声、转注、假借。"

"列宁几年几月几号逝世的？"无奈，感觉一般题都难以考倒吕文，我只能偷偷用手机搜了个历史名人的百科，然后问了个自认为刁钻的问题。

"1924年1月21日，如果我没记错。"他想都没有想，一秒也没有停顿。

"这你也能知道？"我有点晕了。

"我以前读过列宁传……"他笑着说道。

时间在欢声笑语之中转瞬即逝，我们终于来到了西安。

傍晚，吃完晚饭，刘昊提议去古城墙边散步，我跟吕文都答应了。

我走在长安城静谧的城墙边，望着走在前方的吕文，虽然与他才有数步路的距离，可恍惚之间，我却感觉自己与他是那般遥不可及，我无法知晓，自己离吕文，或者说离优等生的距离究竟有多远。

这种越来越远的距离，使我慢慢停下了脚步。

"小木，别愣着，赶上去。"就在我彷徨之时，刘昊从身后拍着我的肩膀，说道。

"还不走快点，你可真会被我们落下的。"刘昊边说边从我身旁走过。

刘昊的背影也出现在我的眼前，然后越行越远，那一刻，我突然明白了一个道理。

你离他人的差距，永远不是你放弃自己的理由，这种差距越大，你越应该加快脚下的步伐，如果你停下了，不但你会离前面的人越来越远，而且身后的人随时会将你超过。

所以，不管前路有多坎坷，请保持前行，因为只有保持前行，你才不会被梦想……才不会被希望所抛弃！

吕文，高三二期，高考……你们都等着我，我会用尽所有的力气，永不停止，朝你们奔跑而来！

路漫漫，其修远兮，吾将上下而求索。——屈原

白热化的战斗

随着高考的日益临近，战斗已经逐渐进入到白热化阶段。

所有人都在拼命学习，拿出百分之一百二十的精力去读书，不敢有一丝懈怠。

这个时候，对投身于考场中的高考战士来说，已经没有了午休，没有了下课，甚至连放学都可以无限制延后。

而我，也是这高考战队中的一员，每天耗尽所有精力去读书，去做题，去超越别人，去防止他人追上自己。我无法知道其他的战士会怎么想，可我却觉得自己活得越来越累，学得越来越苦。

现在的我，每天的生活犹如挂在墙上的时钟一般，固定而重复，

整个人在卷子、教科书、资料书、卷子中无限循环。

我坐在教室里，看着墙壁上挂着的"高考倒计时"。很多时候，我经常会待在位子上拿着笔出神，脑子里想的是几个月后我的第一次高考，那个决定我接下来命运的转折点。

我有忐忑，有紧张，有兴奋，可更多的是有一种莫名无助的孤独感。

或许，不止是我，很多人都有这样的感觉，虽然有很多人陪在自己身边一起努力，一起学习，可自己却仍旧有一种不知所谓的孤独。有时候觉得遭遇到学习挫折的时候，整个人会很无助，可即便如此，也不知道该去对谁诉说自己的痛苦与彷徨。

这段时间，我发现自己根本都不在状态，整个人有点厌倦学习的感觉，有时候看到试卷会产生一种不想下笔的冲动。看到一个不会做的题目，都是直接去翻答案，不会再像以前那般奋力地去钻研了。我不知道自己到底是怎么了，每天上课觉得累，回家也觉得累，学习的动力渐渐地变得越来越弱。

晚自习的时候，我直接趴在桌上发了整整两个小时的呆，小慧察觉到了我的异样，下课时过来问我怎么了，我通过不断摇头把她赶走了。我就像病入膏肓的重症患者，连说话的力气都无法提起。

后来，下晚自习了，我走之前，海波也问我是不是有什么心事，我苦笑着说没有，他疑惑地看着我，说如果有心事就跟他说，我说好。

我茫然地走在回家的路上，穿行在人群之中，彷徨而孤寂。

回到家，我没打开灯去学习，而是早早洗漱完毕就躺到了床上。望着天花板，我脑子里不知道在想些什么，很杂乱，但又感觉什么都没想，自己只是在发呆而已。

从抽屉里拿出MP3，我闭着眼，随机播放了一首歌，听着听着，听到了一首陌生又熟悉的歌，在黑暗中，它慢慢地把我的思绪从此刻拉回到了几年前。

记得在初中的时候，我有一个玩得很好的朋友，叫熊璐。熊璐长得胖胖憨憨，虽然成绩很差，但是性格却好得没话说。因为成绩不佳，再加上身高问题，整个初二，我跟熊璐两个人都是坐在教室最后一排。

天性贪玩的我俩，每天上课的时候，就喜欢闷头哼歌。那时我们还没什么钱，根本买不起MP3，只能每天中午听广播里放歌，如果觉得哪一首歌好听就会把它记下来，然后晚上跑去网吧里学歌、找歌词，第二天就在课堂上哼着唱。

然而，现实却是残酷的。

后来，我很艰难地考上了我们县里的一中，而熊璐没再读书了，听人说初中毕业以后他就跟着他哥哥南下打工去了，在富士康做流水线工人，日子过得不是很好。

我躺在床上，睁开眼，眼前是无尽的黑暗，耳内反复循环着那首勾起我无限回忆的青春之歌。

"风雨里追赶，雾里分不清影踪，天空海阔你与我，可会变，谁没在变？”

听到这里，我的鼻子有种止不住的酸疼，眼眶里饱含泪水，可就是无法流出。

或许，那些我儿时的梦想、儿时的承诺、儿时的豪情壮语，还有那一个个儿时陪伴在我身边的伙伴，全都汇成了这一首《海阔天空》。

我似乎在黑暗中看到了熊璐，看到了那时的我和他，我俩把书本盖在头上，疯狂地摇着头，高声唱着那一首首青春的歌。

或许，在我和他经历了那么多的挫折、失败、艰辛以后，才会明白我们那时所唱的不仅仅是一首歌，我们那时肆意高唱的可能是我们的整个人生。

眼泪终于流了下来，我动了动嘴唇，然后默默地唱了起来。

“多少次，迎着冷眼与嘲笑，从没有忘过心中的理想。一刹那恍惚，若有所失的感觉，不知不觉已变淡，谁明白我？”

是的，他肯定跟我一样，一直在为自己的梦想而往前行进着。虽然过程中有彷徨、有迷惘，可当我们真正看清自己的梦想之后，我们就再也不会停下。

或许，我们会因为一次次的打击和挫折，边走边哭；或许，我们重重地摔倒在坚硬的水泥路上，可即便如此，我们也从来没有停过自己的脚步！

即使道路上有再多的人嘲笑我，即使道路上有再多的荆棘阻碍，可那又怎样？不管何如，我都要咬牙往前奔跑。要是有一天我跑不起来，请相信我，我依旧不会停止，我爬也要爬到我梦想的彼岸。

　　"原谅我这一生，不羁放纵爱自由，也会怕有一天会跌倒，背弃了理想，谁人都可以，也会怕有一天只有你共我。"

　　是的，我为什么要彷徨？我为什么要怅惘？请不要忘记，我还有梦想啊！

　　我擦干眼泪，从床上爬了起来，重新拿起了笔，那一刻，我不再困顿，不再犹豫，厌学之感已经从我的心内烟消云散。

　　高考，这一场恶仗，我一定要取得胜利！

实迷途其未远，觉今是而昨非。——陶渊明

痛哭！第一次全市模拟考试！

绞尽脑汁地想着书上面的数学练习题，脑汁估计都被我给榨干了，可我依旧不知道该怎么做。知道做的，做起来没有味；不知道做的，做起来除了痛苦就是烦躁，外加打击自信心。好吧，我被数学给弄得整整痛苦了一天。

晚上回到家，上了会儿QQ，发现有个初中同学在，就找他开始聊了起来。我初中同学叫依依，是一个长得很乖巧的女孩子，那时候住在我们家隔壁，每天和我一起上下学，像个跟屁虫喜欢跟在我后面。后来她成绩太过拔尖，被省重点高中录取之后又搬了家，我们联系就越来越少了。

今天难得看到她上线，我就主动发了信息过去。

"在吗？"我发了一个笑脸过去。

"嗯，在的，小木，好久不见。"过了十分钟左右，她的QQ头像开始闪烁，我点开一看，果然是她回复我了。

我有些激动，毕竟和她已经很久没见面了，上一次聊天都不记得是什么时候。

"最近还好吗？"我问道。

"嗯，还好呢，你呢？"

"我也还不错，就是成绩差了点，哈哈。对了，这么晚你怎么还不睡？"

虽然明天是星期六，不过现在也快十一点了，按道理一般女孩子早就该睡了吧，难道依依在玩游戏，所以没睡？

一个荒谬的念头闪过我的大脑。

"现在还早吧？我刚在网上下载了一些其他省重点高中的考试题目，准备做两套试试手感。"她好像有点漫不经心地回道，似乎这种事对她来说很是平常。

我有些汗颜，心想尖子就是尖子，上网竟然是用来下资料做题目，果然尖子生与普通高中生的世界不一样，我们这种人上网无非就是玩游戏，从不会利用电脑来搞学习的。

我由衷佩服地发了个大拇指的表情过去。

"依依，你在那边还好吗？"我问道。

"还好，过得去。"她并没有立马回复我，而是过了三五分钟的样子。

"嗯，你想找的题目找到了吗？要不要我帮你？"我过了十分钟又发了条信息过去。

"嗯，找到了几份，你应该是有什么事吧？"她突然问道。

其实我并没有什么事，但被她这么一问，我突然有点尴尬，不知道该怎么回答。

"呃，我觉得咱俩很久很久没见面了，难得看你上线，只是单纯地想和你聊一聊，问一下你在那边过得还好吗。"

"呵呵，那好啊，不瞒你说，我现在回想以前的那段日子，还真是开心啊。不用每天做题，不用奥赛，不用背书，做错了事你会帮我背黑锅，你会帮我做作业，带我去玩。"我听她说得有点伤感，搞得我也心里不太舒服。

"那我们等高考完一起出去玩，怎么样？"我心里有点紧张，生怕她拒绝我，其实我知道这句话也就是说说而已，毕竟她们家搬去了很远的地方，说要一起玩不太现实。

"好啊，等高考完了，我再也不想过这种成天都是书书书、题题题的日子了，到时候你可不要食言哦。"她发来了一个高兴的表情。

听到她这么说，我心里感到很开心，哪怕她这是客套话，我也觉得很高兴。

"那个，我听我妈说你上了我们省第一的重点高中！你成绩应该很好吧！我可不可以问你一些问题，因为我的成绩不是太好，想向你请教一下，指点一二。"我有点儿不好意思。

"好的，你说吧，看看我有什么能够帮你的。"

"数学我一直都是保持在一个尴尬的分数，应该怎么突破啊？"我问道。

"你想要达到怎样的目标？"她反问我。

"争取能上140吧"我咬咬牙说道，不过说完我就觉得有点不好意思，这个分数会不会太高了？

140分对我来说可真是遥不可及啊。

"那我零零碎碎给你说一些吧，我把我以前在数学中总结的经验给你说说，可能没什么逻辑，想到哪说哪，希望不要介意。"

"谢谢了。"

"一是课本上所有的例题练习题全部搞懂，基础是第一。第二，增加实战操作，这里我要提出的是，多买卷子做，而不是单元练习，因为高考毕竟考的是一整套卷子，我们老师要求我们多做套卷，因为做套卷不但能渐渐养成高考的感觉，而且能很好地检验一个人的真正实力。而如果你光做单元题的话，很容易造成拿手的板块拿高分，不在行的板块不尽如人意，这时候就会让你产生对你真正实力的错误判断，所以，我个人推荐你做套卷。"

"接下来第三点，把控时间。严格按照高考时间的要求去做每一套试卷，这里我要说的是，你需要减去填涂和写姓名以及检查的时间，也就是两个小时的总题量，你必须争取在一个小时四十五分钟做完，这样练下去，到了高考你也不会着急，不会因为时间而手忙脚乱。第四，千万不要养成做一个题目，就对一个题目答案的坏习惯，这样很不好，如果对了的话，会让你产生满足和骄傲的情绪；错了的话，会让你产生挫败灰心的感觉，这样对你接下来做题的节奏都会产生不利的影响。所以，在做题目的时候，把答案尽量藏起来。如果你觉得自己自制力不行，那么，你早上去学校的时候，不带答案只带卷子去，回到家再对，或者在做题目之前把答案给同学，要他们帮你保管。

"第五，每做完一套卷子，好好收起来，别弄丢了，最好能买一个文件袋，把各科各类的试卷分类收集在一起，争取有时间再把错题做一遍，做到满分卷。不弄丢的原因是将来复习能派上大用场，也节省了你抄题目到错题本上的时间。"

听依依说了这么多，我觉得受益匪浅，然后把几个重要的点用笔都摘录了下来，尤其是第四点，实在是感同身受。

以前我就是有个不好的习惯，每做一个题目都想去对对答案，对了，高兴下；错了，自然是烦躁，影响了下一题的发挥。

我跟依依在讨论完学习之后，又说了很多以前的趣事，因为对省重点高中的好奇心，我还特意问了她一些关于她们学校的状况。

听依依说她的压力不比我小，因为是全省第一的高中，所以尖子生遍地都是，都是从省里各地中学考来的佼佼者，竞争尤其激烈。举个例子，依依对我说去年高考他们学校有一个班近乎全员都是985重点大学，而连考入最高学府北大、清华的学生在那个班也只能算中上等，因为排在最前面的几位学霸早已出国去了，常青藤世界名校，哈佛、剑桥、斯坦福、麻省理工，等等。

我听她说完之后感到世界观都快崩塌了，想想我们学校，已经算是重点中学了，可是一年也才出一两个清华北大啊！另外，再拿自己比比，唉，简直羞愧得无话可说。

后面和她道别之后，我关掉了电脑，一个人躺在床上，呆呆地望着天花板幻想。

"什么时候，我能像她们一样，有着令人羡慕的成绩，能轻松考上自己理想的大学，名字能出现在光荣榜的前排？"

或许，这一天需要很久吧。

日子一天一天地过着，看着班级日历上的高考剩余天数越来越少，一种紧张压抑的氛围开始在班级里蔓延。

我拿着笔伏在桌上思考问题，刚才数学卷子上有一道数列题做错了，看答案后，我想了很久也没想通解题思路。

自从依依和我说她的方法到现在，已经过了半个月，其间，我做了大概十六套模拟试卷，正确率一直在缓慢上升，但因为学校没有举行正规的统考，所以暂时还不知道我这段时间努力的效果如何。另外，关于英语单词的背诵我也终于度过了最艰难的那段时期，现在回想起来，心中还是有一股满满的成就感。

三天后，全市统一模拟考试。

我摩拳擦掌，奔赴战场。

我认定自己会尝到胜利的果实，欢喜丰收，然后笑傲群雄。

可是这次，我又错了。

考试完第一天，语文课，前一天我们考试的卷子都发下来了，就我一个人没有。

我还以为是前面同学没传给我，所以也不着急，等着他传给我。结果语文老师板着脸，在讲台上一拍桌子，眼神严厉地瞪着我，开始我还没反应过来，不知道怎么回事。后来当语文老师说道："这次我对大家的成绩还算满意，但有一个人，严重拖了我们全班的后腿！"

他说完，把一份卷子往讲台上一放。

那一刻，我立马反应过来是怎么回事了，老师一直瞪着我，同学们也顺着老师的视线望向我这边。

我的脸当时就红了，简直无地自容。

我把脑袋一直低着，不敢抬头，脑袋里面也嗡地一下就失神了，等我回过神来的时候，已经是下课了。

前面的同学小心翼翼地把试卷递给我。

当我看到我的语文试卷上用红笔写着69分时，鼻子一下就酸了，眼泪在眼睛里面打转，但一直没有流下来。

虽说好男儿不流泪，但是69分，我不敢相信地把卷子翻来覆去地看，看着作文因为离题而只得了30分，选择题33分就得了12分，我还是不敢相信，借别人的试卷，一遍又一遍地对着答案，可是……可是……事实是我真的只有这么一点点分。

我当时脑袋真的懵了，距离高考还有69天，语文69分，真讽刺。

原来自己辛辛苦苦这么久的付出，全是白费！

"果然，我果然不适合读书，高考？大学？都见鬼去吧！"我变得绝望，变得歇斯底里。

这时，在我精神只剩些许便会崩溃的情况下，突然一阵歌声从广播里传来，我们广播站每天下完第三节课的时候都会放歌，是为了调整大家紧张的情绪，广播里面放的是五月天的《倔强》。

"你说被火烧过才能出现凤凰，逆风的方向更适合飞翔，我不怕千万人阻挡，只怕自己投降，我和我最后的倔强，握紧双手绝对不放，下一站是不是天堂，就算失望也不能绝望。"

就算失望，不能绝望！

是的！就算失望不能绝望。我听着歌声，第一次不自觉地唱了起来。是的，我不能因为一次考试就丧失自己的斗志，这么多天，我都坚持过来了。相信自己，自己一定能行的。不管怎样，不放弃，不放弃，永远不放弃，永远永远不放弃！！

谁言寸草心，报得三春晖。——孟郊

大爱无声

当天晚上，我就语文出现的重大问题，专门找到班上一个语文成绩最稳定也是常年霸居榜首的同学，希望她能给我些许帮助。

可能是白天上课的时候我因为语文成绩太差而遭到老师的严厉批评，我找到她时，还没有来得及表明来意，她就已经猜到了。

或许是为人热心，或许是见我可怜，请教过程中，她非常细致而耐心地跟我讲解她平常学习语文的一些方法以及日常习惯。

后来我把她说的这些方法和习惯总结在笔记本上，大概有以下几项。

一、基础题部分。她要求我每天做不少于5套试卷，这5套试卷中只做前面的基础题，题目量只能多不能少；若是有做错了的题目就必须马上摘记下来，整理成错题本。她跟我说，只要我能坚持苦练，把这两项任务持之以恒，基础题部分有很大概率可以拿满分。

二、文言文部分。她说要在文言文上拿高分，就一定要先把课本上的所有文言文都搞懂，因为万变不离其宗，历年来高考的文言文题目大部分都能从书上的文言文中找到源头。

其次，考试大纲里面划出的有关文言文的三十多个虚词、一百多个实词也必须全部弄清楚，最好是灵活地背下来。文言文翻译方面尽量按照简洁、贴题、直译这三个要点来进行，在贴近实际的情况下，如果翻译能做到"信雅达"那就更好了。

三、诗词鉴赏部分。在这个方面，她叫我在适量做题的基础上尽量多去背一些基本的套路，掌握一些相关的答题技巧。

四、说明文部分。她提醒我只需要注重细节就可以了，不粗心不毛躁，认真细致就能拿高分。为此她还举了一个例子：如果一个题目是问"有关××仪器的介绍，下列哪个选项与原文不符"，这个时候你就要以异常严谨地态度去审查每一条答案。

因为可能原文是"××仪器最多能检测到地下2000米范围内的矿物数据"，如果有一条答案选项是"××仪器能检测到地下2000米左右的矿物数据"，那么它就是我们要找的与原文不符的选项。别看两者差不多，其实，原文固定是在2000米以内，而选项说的却是2000米左右，也就是说选项可以看做是2000多米。仅仅是一个字的区别，如果稍不注意，就可能酿成大错，丢掉分数。

五、阅读文部分。在适量做题的基础上，多记一些正确的解题思路，多记几套通用的答题模式，多记一些常用的答题用语。比如说，假设有阅读文的问题是"×××谈到这段话语的意义"，这个时候，如果你心里记得一些解题思路，那么你就知道做这种类型的题目要从内容、结构、主题、文章美感等多方面去综合考虑。

另外，如果你能多记住几套通用的答题模式，那么你看到有关景物描写类的问题时，你就会在脑海里浮现出：营造气氛、交代背景、暗喻人物性格等答题套路，即使你不知道该怎么回答，你也有东西可以写。而且，语文这门科目，只要你写了字，只要写的答案稍微沾了一点边，那就一定会给分数。

六、作文部分。她跟我说作文就是注重积累，平常多记一些经典的句子，多看点课外书扩大知识储备。

自从这次语文考试失利之后，我再也不敢懒散，再也不敢抱着无所谓的态度去对待任何一个科目的学习。以前总认为自己的语文成绩已经趋于稳定，所以把时间与精力都花在其他科目上，殊不知学习如逆水行舟、不进则退，这次的惨败，无疑是为我敲响了警钟。

我低下头，咬紧牙关，像头老黄牛一般，勤勤恳恳地、任劳任怨地耕耘着，只希望两个月之后我能拥有属于我的丰收。

距离上次惨败已经过去两个星期了，此时，我们高三又迎来了一次模拟考。

或许是上次69分的教训太过惨痛，在心里留下了阴影。这次考试考语文的时候，我的双脚竟然不停地发抖，前面五分钟的时间连看题都看不进去，思维更是一片混乱，整个考试过程浑浑噩噩。而考完语文之后，我的心更像被人掏空了一般，茫然无措。等到下午考数学，估计是受到上午语文的影响，我做数学题时整个人还是迷迷糊糊的，许多题目在考场上绞尽脑汁也做不出来，但是一出考场就立马明白了。

考完数学后，我极度失落，昏头昏脑地一个人来到操场的草坪上。

我双眼无神地望着高一高二的后辈们在操场上欢快地玩耍着，心里十分羡慕。

谁都想无忧无虑地快活着，谁都不想考试，谁都不想参加严酷的高考！

抬头，望着苍茫的天空，回想起自己一直以来的努力和拼搏都换不到应有的成果，我心里突然涌上一股莫名其妙的酸楚。

正当我抑郁失语时，一个身影突然坐在了我的旁边，我转过头去一看，那正是我高一时的数学老师。

曾记得，当初年少轻狂的我目空一切，从没把这个木讷的中年男人放在眼里，我每天在他的课堂上玩手机、看小说、睡觉、讲笑话……近乎整整一年都没有听过他的课。所以，我几乎隔三岔五地就被他叫去办公室"谈心"。虽然谈心的效果并不好，我该玩还是玩，但因为如此，久而久之，我和他也就"熟"了起来。

他坐在我身边对我笑了笑说道："小木，怎么啦？一脸闷闷不乐的。说来老师听听，说不定我可以帮你。"

听到这话，我竟然一时语塞，不知道该说什么好。

"是不是因为学习的压力？"他似乎看出了点什么，拍了拍我的肩膀说道。

"嗯。"我点点头。

"其实你没必要给自己这么大的压力，努力过、奋斗过就行，结果其实并没有那么重要。"他微笑着说。

"可是，这是高考啊，况且亲人们、老师们也希望我们考好啊，哪能没有压力？"我有点不满地说道。同时心里也抱怨道："你肯定不在意啊，只知道说风凉话，又不是你考。"

"小木，你真的以为你的家人、你的老师们就仅仅是希望你们有个好成绩么？"他摇了摇头说道。

"还不是么？"我反驳道。

我的身边有太多的人是为父母读书，是为了学校读书，他们的读书动力有很大一部分就是不想辜负家人、老师的期望和付出。

可能，连我也算是其中一员。

"呵呵，其实啊，我们老师和你们父母最大的希望就是你们能快快乐乐平平安安地度过每一天。学习的事虽然也希望你们能搞好，但是如果你们被学习压得喘不过气来，迫使笑容与快乐从脸上消失了，即使你们获得了很好的成绩，我们又怎么会开心呢？"

"我……"我一时不知道该说什么。

"小木，你还记得回到家的时候，父母跟你说的第一句话是什么吗？他们问你的第一件事是什么吗？你走时你父母对你说得最多的又是什么吗？"

"我……我没在意。"我有点不好意思地说道。

说实话，每天只为学习而烦恼操心的我，似乎早已淡忘了身后的父母。

老师笑了笑，淡淡地说道："我猜，那一定是：儿子，你回来了，今天在学校开不开心啊……儿子今天爸妈给你做了很多好吃的，晚上早点儿回来……儿子，别给自己太大压力，努力就好……儿子，天气转凉了，要多穿点儿衣服……儿子，你真是我的骄傲……儿子，儿子，我相信你，你一定能行的……"

听着老师说这些，我突然鼻子酸了起来。

我们都觉得自己学得很苦，有很大的压力，却忘记了背后的父母亲人们背负着的压力一点也不比我们小。

他们每天要工作到很晚，工作量远远超过我们的学习量，却从来不向我们抱怨。

他们每天即使拖着再疲惫的身子，回到家却依然为我们做饭洗衣，照顾我们的一切。

他们每天即使遭人白眼，受到委屈，回到家看到我们却依然微笑着。

他们每天吃着便宜的饭菜，穿着便宜的衣服，却把最好的留给我们。

他们每天工作晚了回到家会踮起脚尖，是怕一点声响就会吵醒熟睡的我们。

他们会在我们睡觉的时候，偷偷打开我们的房门，看我们是否睡着了，是否盖好了被子。

他们头上的白发越来越多，脸上的皱纹也越来越多，却依旧拼搏在职场上，只为撑起这个家。

"老师，我都明白了，谢谢你。"我揉着湿润的眼睛，哽咽道。

老师笑着摸了摸我的头："快回去吧，家人还在等着你。"

"嗯，谢谢老师。"

我马不停蹄地回到家，这时父母正在摆着碗筷，父亲看到我回来了，笑着对我说道："儿子，快来吃饭，今天爸爸特意下厨给你炒了你最喜欢的红烧肉……"

听到这些话，我鼻子猛然一酸。

"爸妈，谢谢你们。"我调整了一下情绪，红着脸，大声地把心里想说的话喊了出来。喊出来之后，我觉得自己有一种前所未有的释然。

"怎么啦？"父母一脸疑惑地看着我。

我揉了揉鼻子，跑到他们旁边抢着摆放碗筷，说："没什么，没什么，吃饭吧。"

"这孩子真是奇了怪了，欸，孩子他爸，你说是不是学习压力太大了？要不要去医院看看啊？"我妈有点着急地说着。

"应该没事吧。"我爸有点疑惑地看着我说道。

我看着他们两人，心中正有幸福的暖流缓缓淌过。

学而不思则罔，思而不学则殆。——《论语》

关于数学的反思与总结

　　为了打破数学的瓶颈，我趁着放月假的时间，腾出一个下午，把自己关在房间里。此时，我并没有疯狂地做题，也没有四处向考到高分的同学取经。

　　我只是静静地拿着一支笔，展开一个本子，稍微思索了一会儿，然后在笔记本上写下一句话："反思与总结。"

　　现在，离高考来临还剩不到60天的时间，我必须要静下心来，拿出一百二十分的精力去拼搏。

　　既然基础已经打下了，这几次考试也证明了基础部分问题已经不大，这之后，我就不能再在基础题目上浪费太多时间了，是的，我需要有侧重点。

我需要抓住重点。

我拿起几本数学参考书，仔细地翻阅着他们各自的目录部分，然后在笔记本上写下了九个词语。

这些词语依次是：函数、三角函数、平面向量、不等式、数列、立体几何、解析几何、概率与统计、导数。

如果我没有记错或者记漏，那么高中数学的九大核心知识点就都在这里了，这些内容非常重要，可谓是重中之重。

接着，我开始用自己的方法把每个核心点从大到小进行简单推演，推演的目的是为了考察自己对这些核心点的熟悉和掌握程度，推演的过程很简单，就是随便拿出一个词语，看自己能从这个词语上联想出多少相关的概念、公式、定义等。

比如以函数为例，我先写下函数两个字，然后不断在函数二字下面添加我所能想到的各种知识点，如函数图像、函数常用公式、函数相关的单调性周期性等，我尽我所能地举出能想到的所有，然后根据书本一一对照。如果发现有记忆遗漏，那么立马抄几遍相关定义或者做几个相关例题，以此迅速地巩固自己的知识。

花了整整一个下午的时间，我把九大核心的所有知识都重新学习了一遍。通过这种方法，我感觉自己的头脑清晰了许多，对数学的理解也深入了不少。

接着，我拿出最近几次模拟考试做过的数学试卷，仔仔细细认认真真地把它们从头到尾分析了一遍。

我发现每套试卷都会有六个分值较高的大题目，而这六个大题则相对侧重于六个重要板块，而这六个板块考察的知识点正来源于九大核心点。

突然，一个大胆的想法从我的脑海里冒出。

既然每套试卷都有六个大题，会不会这六个大题要考察的知识点都是相似的？我能不能从中找到规律，然后有的放矢地进行复习？

抱着这个想法，我找来了之前历次月考以及历年我省的高考数学试卷，然后一个一个大题看，并在本子上标注这些题涉及了什么核心板块、考察了什么知识点。

首先是数列、函数与不等式，根据推列，这类型的题目多在第一个或第二个大题上出现；接下来出现频率较多的是三角函数，几乎在每张卷子的六个大题里我都能找到了关于对三角函数知识的考察；说完三角函数就不得不提到立体几何当中的空间图形和平面图形，这也是经常出现在六个大题中的；立体几何之后就是解析几何与平面几何，这个算是必考项，尤其是解析几何题，这几年高考大题都有它；接着是函数、方程与不等式，这一部分多是三个考点综合出题，很少单独拿出某一项来作为一个大题；最后是有关概率统计的题目，这部分大题出现的概率差不多有百分之五十，不过很多时候概率统计的题目会综合在其他的数学题目中，所以依旧需要重视。

总结出了六大板块，这样我接下来的学习就可以有针对性地做相关习题了，可以有效地避免盲目做题而浪费时间的情况。

不过，在我翻阅我近几次做的试卷时，我惊奇地发现自己竟然有很多大题都没动笔，或者是匆匆动笔，这些大题大部分都集中在最后一两个题目上，除去一些题太难我实在不知道怎么做的缘故，我发现竟有相当比例的题是因为我没有时间做！因为从字迹就能看出，前面几道大题的解答还是条理清晰、字迹工整，等到最后一两个题往往出现马虎潦草、简省步骤的情况了，其中不乏由于简单的计算错误导致整个结果错误的情况。

"没有时间。"

我在笔记本上写下这四个字，然后思索为什么会没有时间做大题，只有一个原因，就是前面的题耗费的时间太长了。那为什么前面的题目耗费时间过长？

"能力缺失。"

那到底缺失哪些能力会造成解题速度变慢呢？

我又开始思考。在翻阅了几张试卷后，我得出浅显的结论，如果缺失以下能力，会拖延我的解题速度：运算求解能力、推理论证能力、空间想象能力、抽象概括能力、问题分析能力。

这五项能力决定着我做题的速度，而流畅的做题速度也往往意味着高分。

我边思考边写下一些感言，自言自语地说着："运算求解能力比较好理解，就是算术能力，这直接影响解答数学题的速度，题目算得快是很能节省时间，但有时候光算得快还不行，还需要算得准，千万不能因为贪图速度而舍弃正确率，数学考试从来就不是一个看谁提前交卷的游戏……空间想象能力与几何分不开，做任何几何题都关系到空间想象，比如空间图形平面化，或者平面图形空间化，以及点、线、面、体等相互之间的关系……抽象概括能力强可以让一些复杂问题简单化……问题分析能力能帮助我准确找到解题的切入点……推理论证能力好意味着没有难题……"

如何能提升这五项能力？

我思索了许久，最终在本子上写下：

主要矛盾主要分析，依靠做精题做好题来提升五项能力。

其实我并不知道自己的思路是否正确，但不管如何，最明白"我"的人是我，只有我自己才能知道究竟什么方法适合自己，只有我自己才知道究竟怎么做才能帮助自己提高成绩。

或许我所设计的道路是崎岖的，但是眼下我已经无法退缩，只有往前冲。

我深吸一口气，翻过笔记本，翻到崭新的一页上，然后重新看了一遍试卷。

最终笔记本山落下了三个字："得分点。"

的确，我需要考虑得分点的问题，而不仅仅是囫囵吞枣似的做完一整套试卷。当然，能把所有题目都做完做对那当然好，但现实情况往往不允许我这么做，或是因为速度，抑或是因为能力，我需要总结自己擅长的得分点，不能在一些没有把握没有机会的题目上面浪费时间。

有关得分点的问题是我从一道选择题上发现的，因为我看到某张月考试卷的一道选择题旁，我竟是洋洋洒洒地运算了一片，其中不乏多次验证与重复计算，甚至还出现了推倒重来的情况。虽然这道题目最后被我做出来了，可是我发现后面整整两道大题我都没做完，但还能清晰地看到我解到一半的方程，这样就能说明一个问题：为了一个五分的选择题，我丢掉了近乎三十分！

所以，我必须准确知道我自己的得分点在哪。

我究竟有哪几项是优势的，哪些得分点是弱势，这个我必须弄清楚，因为瞄准得分点是我提高得分的一个重要前提，因为我想要拿到高分，就必须多得分少丢分。

假设考试中我遇到了填空题的最后一题（往往是最难的一题），这道题考察的正是一个我掌握得比较薄弱的知识点，那么此时我必须很快做出判断：这道题我究竟有没有得分点？这个时候我就需要给自己合理地分配时间，如果多少分钟内我还没解答出来或者脑子里没有思路，就必须要舍弃它，先做后面的题，等做完后面题目之后再回过头来看有没有机会或者能力去解答。

或者根据我对这类知识的掌握程度来决定是否要花费精力去做它，如果这类知识我掌握得好，我觉得这个题目只是解答过程复杂了一点，那么就可以尝试着去多花点时间解答，因为这种难题正是能与其他人拉开差距的题目，但也要合理分配时间，不能捡了芝麻丢了西瓜。

相反，如果这个题目要考察的知识点我掌握得并不好，第一时间我没有思路的话，就先放弃它，等有时间再回头解答，别在一个自己没有把握能解答出来的题目上浪费太多时间。

　　要知道在你努力并持之以恒去做一件事时，时间会在不知不觉中飞逝。

　　我在对自己数学方面的分析总结过程中，眼睛突然酸疼了起来，等抬起头往时钟上看去，才发现时间已经过去了四个小时，而这四个小时里，我已经完全沉浸在与内心的交流之中，通过自思、自问、自答的方式，一定程度上解开了束缚我数学能力方面的枷锁。

　　"有志者，事竟成！"

天行健，君子以自强不息。——《周易》

欣喜！第二次全市模拟考试！

这段时间，因为自己把精力都集中在数学上，结合上次分析与总结带来的经验教训，使得我在之后有关数学的学习过程中，变得如鱼得水，极少有迷茫和困惑，而近几次数学模拟考试中，我的成绩也都在稳步上升，整个学习态势呈现一片光明。

下课时，我正在运算着一道解析几何题，因为这道题比较烦琐，我花了很大工夫也没算出答案，所以我把题目拿去问小小清，小小清瞅了几眼，然后停下手中的地理题，拿起笔认真运算起来。

"怎么样？算出来没？"我凑过头问。

小小清也算了整整一大张草稿纸，他顿了顿笔，似乎在解题过程中遇到阻碍了。他摇摇头，无奈道："算不出来，有个地方一直想不通，小木，这道题的答案你给我看一下，我看看解题步骤是怎样的。"

"我答案都放家里了，明天给你带过来吧。"

小小清望了我一眼，说："小木，你现在做的题都很有研究价值嘛，这道题其实设计得很厉害，只不过我思路不行。"

听小小清这么说，我一乐，回道："你也觉得这道题设计很棒吧？我在做的时候就察觉到了，这题不但形式很新颖，而且还在一道题中考察了多种知识点……"

之后，我跟小小清两个人就这道数学题讨论得不亦乐乎，在交流过程中，我俩的思路被不断地打开，头脑也越来越清醒，最终在双方的共同努力下，这道极难的解析几何题被我俩成功拿下。

"好久没有这么爽地讨论了。"小小清舒了口气，伸着懒腰，脸上浮现一种欣悦之情。

"这种感觉真不错。"我点头笑道。

我一边整理着我跟小小清写在草稿纸上的解题步骤，一边在题目上标注解题心得。

有关解题心得，我一般是用简洁易懂的话语在题目边上描述当时在做这道题时的一些基本思路。

"小木，我感觉你变了一个人。"小小清突然上下打量着我。

我被他看得有些发慌，笑着推了他一下，说："怎么？是不是变帅了？哈哈。"

他摇了摇头，极为认真地说道："我觉得不管是从对待学习的态度上，还是从学习的方法上，你都有了变化，而且都是非常惊人的变化……"

"有吗？我怎么没觉得。"我笑了笑。

"小木，感觉再过不久你就会一飞冲天了，到时候肯定会技惊四座的。"小小清摸了摸下巴，说道。

"怎么可能，我基础不好的，要赶上一般人都得加倍努力，更别谈一飞冲天这种事了。我就希望保持现在的成绩，然后能一步一步往上走，这样就可以了。那些奇迹啊，黑马啊，我都没考虑过。"我摇了摇头，表示自己没去想那些。

"小木，你难道没发现这几次课堂模拟考试，你取得的分数都还不错吗？"

"还行吧，一般般，不过可跟你们比不得，我还在中分区域苦苦挣扎呢，哪像你们，都是驰骋在高分区。"

小小清摇头道："记得昨天数学模拟考试你的分数是119分，我是106分，虽然老师没有在课堂上提过，但我知道这次考试貌似咱们班上110分的同学就只有七个，而你就是那七个人中的一个。"

"啊？有那么厉害吗？小小清，你骗我吧？"我现在很少去关心其他人的成绩，脑子里只是想着把自己做好就可以了，所以当分数出来是119分时，我自认为是个普通的成绩，因为之前的几次考试中，班上曾有过130+，甚至140+的逆天高分。

小小清点了点头，说："这次考试难度比较大，貌似整个班的平均分不理想，再加上没有高分出现，所以数学老师才在课堂上闭口不提的。要是以前，老师肯定会说这次谁谁谁又考了多少分的……所以说，小木，你现在已经很强了。"

我挠了挠头，有些不好意思道："没，只是运气好而已……就一次，可能我就这一次考得不错，下次估计就原形毕露了。"

小小清拍了拍我的肩膀，说："你现在还真是谦虚啊，不用在意我，你成绩提升快是好事，我都为你高兴呢。"

我笑道："谢谢，到时候我考出了好成绩，请你去食堂吃大餐！"

就在我跟小小清两人交谈完后，小慧走过来用手搭在我的肩膀上，装成一副老气横秋的模样，说道："小伙子，不错嘛，进步这么大，这么难的卷子竟然能考119分，后生可畏，后生可畏啊。"

我被小慧的口气给逗乐了，笑着回答："小姑娘，你不也是！"

说完，我们两个一起笑了起来。

"小木，你现在挺厉害嘛，这卷子都能考如此高的分数，不错不错，我看好你喔。"

"运气，运气而已……对了，小慧你找我有什么事吗？"我觉得小慧来找我肯定是有原因的。

"嘿嘿，我跟你说，我这次数学考试也考得不错哦，我可有105分噢。"她一脸得意道。

我举起大拇指，打心底为她高兴："厉害！小慧，你如果把数学成绩提上来了，加上你那逆天的英语，到时候一定可以考个很好的大学。"

小慧扬了扬头，得意道："那可不是。"

"小木，你想不想知道我现在用的学习方法？我可以免费教你哦，这方法还挺好的。"

一听到有好的学习方法，我立马就兴奋起来："好啊，小慧，你说，我认真听着。"

"这个方法嘛，是我在中山大学读书的堂姐教给我的。"小慧自豪地说道。

"之前我不是数学成绩一直很差嘛，无论怎么努力分数都提高不了，很是苦恼。有一次家族聚会，我在长辈们闲聊时听到我有个堂姐的高考数学有140多分，我一惊，就像找到了救命稻草般，立马就去找我堂姐，想让她给我出个法子。"

"高考数学140多分？天啊，真强！"

"我跟我姐把自己的情况说明了之后，我姐就跟我说了一些方法。她当时要我这样做：先把以前所有的错题找出来，顺便把答案也找出来，然后根据题目和答案去书上找相应的知识点，仔细看相关章节的相关例题，再倒回去做题。

"因为我姐说她们老师以前是高考数学命题组的。她们老师说，高考题几乎百分之八十的数学题目都是从教科书上的一些原题上变形、组合而来。所谓万变不离其宗，课本才是硬道理。

"比如有一道数列题，你看答案会发现这道数列题涉及了等比、等差、列项相消三个知识点，你不知道怎么做的原因是你没有把三个知识点连起来，你可能只做出了等差那一部分，这也就表明你的基础知识不牢，不能在多个知识点间进行联想。所以你要回归课本，把数列那个章节的几个公式和例题都记死，以后你再看到此类题目，你就会自然而然地先往某个大方面想，然后再进行细化，这样很多题目就可以轻易做出来了。

"我姐说，一个看似很难的题目，你只要把它分解成几个小部分也就不难了。"

顿时，我有了一种醍醐灌顶的感觉，真是说得太好了，把一个难题分解成几个简单的题，然后再一一击破，这种方法真是简单而实用。

"听明白了吧？高才生。"小慧笑着对我说。

"嗯嗯，我知道了，谢谢小慧！对了，小慧，你以后能不能不叫我高才生？我承受不起。"我不好意思地说道。

"嘿嘿，不，我偏要叫，啦啦啦啦。"小慧笑得很开心，眼睛眯成一条线。

"那好吧，以后我就勉为其难做个高才生吧。"我随口答应，反正其实我心里也想当个高才生的，就是现实不太允许。

五天过后，全市第二次联合考试到来了。

有了第一次联合考试的经验教训，这一次我始终保持着心如止水的应试态度，没有再去幻想，没有再去惧怕，每一堂考试我都以平常心对待，不给自己压力，也不让自己过于松懈。

考试结束第三天，成绩公布。

当我看到自己的名字出现在成绩榜前列时，我还是没能控制住自己的欣喜之情，站在人群中傻呵呵地笑了起来。

因为，我有史以来第一次排进了全班前二十名。

姓名：林木

总分：576分

排名：17名

不经一番寒彻骨，怎得梅花扑鼻香。——黄蘖禅师

我艰苦、我坚强、我坚持
——我的单科全校第一

生活如同一潭死水，毫无波澜，毫无变化。

依旧是那个教室，依旧是那片天空，今天的自己似乎有点疲累，在教室里面上早自习的时候就很没有精神，不知为何，整个脑袋里面时不时就会传来一种胀痛感。

可能是没睡好吧，我安慰自己。因为这段时间我每天学习得太晚了，经常晚上11点才到家。回到家依旧是学习，导致睡眠严重不足。

上数学课的时候，我感觉眼睛有点模模糊糊的，但是为了不影响自己做题的效率，我狠狠地掐了自己的大腿一下，古有"头悬梁锥刺

股"，果然是个好办法，疼痛感瞬间令我清醒了许多。

我揉了揉眼睛，继续做起题来。

下课的时候，我整个人都迷迷糊糊的，感觉身体快要被掏空。我想趴在桌子上休息一下，但看着周围的人都在埋头做题，我的心就开始虚了起来，为了提神，我只能站起来背书。

我发现，当自己想睡觉的时候，如果站起身来就不会那么想睡觉了，可能是人站着无法入睡吧。就这样站站坐坐了一天，直到晚自习，我开始了试卷时间。

可是没做几道题，我就发现自己的脑袋变得好痛，但是我知道我不能休息，哪怕一秒钟。整个晚自习，我一直硬撑着，不断地做题。我为了让自己不睡觉，整整做了三节晚自习的数学大题，因为只有做数学才会让我的脑子快速运转，让我的睡意减弱。

晚自习过后，我拖着疲惫的身子走出教室，下楼的时候差点儿从楼梯上摔下来，海波立马跑上来扶住我，叹了口气，说道："你这也学得太累了，把身体搞坏了怎么办？"

我笑着说："没事，这点累算什么？"

海波见我这样就没有说话，只是无奈地摇摇头。

我回到家，打开了台灯，揉了揉太阳穴，坐在床上，然后从书包里拿出了今天老师发的一些资料，正当我准备继续奋战的时候，我妈突然从外面进来，她问我怎么还不睡觉。

我笑着回答："还早呢。"

我妈叫我早点休息，我嘴上答应着，手却死死握住了笔杆。

时间才刚到十一点，对我来说晚上的学习生活才刚刚开始。

不过，我整个晚上就做了一道数学大题，因为不知为何这么简单的题目也想不出来。我突然觉得自己很没用，连学习都搞不定，以后怎么在社会上立足。

我发疯似的砸着头，自言自语："我怎么就那么蠢？"

第二天，我让妈妈给我买了几盒咖啡。因为我依旧觉得自己的精神状态不是很好，总是很困，很疲倦，所以我准备拿咖啡提提神。刚开始还好，咖啡还是有点用，可是过了几天，咖啡就没起多大作用了。

我因为身体和精神的双重疲劳导致效率很低，有时候看题都有点迷迷糊糊，还会出现很多不应该出现的错误，比如我要选 A 却填了 B。我变得很烦躁，我知道自己该好好调整一下，却不知道从哪里开始调整。我也想轻轻松松地学习，但只要我一看到离高考还剩下几十天的时候，我就警告自己不能放松。

不记得是从哪里看来的方法，说偶尔喝喝辣椒水能提神。我死马当活马医，立马跑去小超市里面买了一包干辣椒，然后把干辣椒洒在纯净水里面，我把辣椒水灌在喝水的水壶里面，外面看上去就和普通的水差不多。那时候小小清跟海波看我这么做，也有样学样，我们每人一壶，想睡觉的时候就喝一口，一股辛辣的冲劲就立马从胃里涌上来，瞬间能让你提起精神。

可是这也有副作用，就是你一旦喝多了哪怕一点点整个胃都会很不舒服。不过经过我和小小清的不断摸索，终于掌握了合适的剂量。从那以后，我们班上课的时候有了一道亮丽的风景线：两个昏昏欲睡的人，从抽屉里面拿出一瓶灌了辣椒水的水壶，抿一口，然后又变得精神焕发。

早上的时候，我为了让自己精神好一点，都是用冷水洗头。或许不叫洗头，叫冲头，用冷水从脑袋上径直冲下去。

我每天依旧勤勤恳恳地学习着，每天都过着让很多人觉得枯燥无味的日子。其实我也想快快乐乐地去学习，但是我不够聪明，我只希望笨鸟先飞，每一步都踏踏实实，每一步都走得让自己问心无愧。直到有一天，也就是在我第一次感觉身体和精神十分疲倦后的一个星期，我发现自己已经没有力气从床上爬起来了。

我很想起来去上课，但是全身高热，后脑发胀，喉咙更是痛得厉害。我爸妈看到我的异样后十分担心。妈妈问我能不能起来，她说不能的话，就帮我向学校请假，然后带我去医院看病。

我当时是多么想起来，可是真的无能为力。

我叫爸妈帮我请假，但是我跟他们说我不想去医院，只是太累了，休息一天就行。

在我的一再坚持下，我爸妈很不情愿地离开了房间。我吃了一粒感冒药，闭上眼睛躺在床上。喉咙灼热，一句话也不想说出来，连咽口水都会很痛。我不知道自己是怎么了，我觉得大概是感冒，因为全身有发热的情况。

我深呼吸两口气，眼睛微微一闭，沉沉地睡了过去。

等我醒来的时候已经是傍晚了，妈妈给我做好了饭菜，她把饭菜放在了书桌上就去上夜班了，可是我望着那些看起来十分美味的饭菜却没有一点胃口。后来，爸爸打了个电话给我，他说他要临时出差，一个星期不能回来；而我妈妈是医生，今天晚上医院有手术要做，也要很晚才能回家。

孤独的我十分吃力地走到门口去开灯，重新回到被窝的时候，我的手里多了一本政治书。我在身体极其不适的状态下，很吃力地看着书。这种学习方式效率很低很低，因为我脑子一片混沌，根本不知道自己看了一些什么，眼睛不断有灼烧感传来，我不断地揉着不适的眼睛，揉着揉着就有眼泪流下来。

我走下床，来到卫生间洗了个澡，觉得这样可能会让自己舒服一点。

洗完澡后，精神确实好了那么一点点，可是全身发热和喉咙灼痛却没有消失，头也变得更沉了。我呆呆地望着天花板，心里突然猛颤了一下，我从床上爬起来，蹲在凳子上做题，我知道这样做题其实没一点效果，但我不知道自己该做什么，我无法入睡，似乎只有看书才能让我心安。

可是，迷迷糊糊中我趴在桌子上睡着了。不知过了多久，我突然醒来，狠狠地拍了自己一巴掌："这点苦都无法坚持，你拿什么考大学！"

我在心里咒骂着自己，然后拿起笔咬牙做起题来。

到了十点半，我实在是熬不住了，整个身体都已经不听使唤。我用尽所有力气爬回床上，一边颤抖着，一边闭着眼睛，我希望早点入睡，可身体的强烈不适感却让我生不如死。

第二天，我妈妈把我强行送到了她们医院。当时的我已经病得十分严重，意识都快模糊了。后来经过医院检查，查出我得的病是"化脓性扁桃体炎加上病毒性高烧"。

医生说如果我再晚来两天，可能整个喉咙都会哑掉。

之后我住了整整一个星期的院，不过即便是打点滴的时候，我也不忘拿起书本学习。

来医院的第一天，我躲在白色的被子里，全身发热、高烧不退，我咬着牙，用手机背单词。我不知道我这样做的意义是什么，但我知道，不管如何，为了梦想，为了前方，我艰苦，我坚强，我坚持！

一个星期后，数学模拟考试，我以133分的总分荣获全校单科第一。

虎豹之驹，未成文而有食牛之气。鸿鹄之鷇，羽翼未全而有四海之心。——《尸子》

拼搏！第三次全市模拟考试！

恢复健康的我，漫步在学校操场后的林荫路上，心旷神怡，耳边垂挂着两条白色的耳机线，听的依旧是英语听力。

四处无人，我无意识地跟随着耳机里的对话轻读了出来。

"Just to remind you that appropriate shoes must be worn in the sports complex."

想一想，自己每天花几个小时断断续续地疯狂练听力，终于有成效了。

"苦心人，天不负。"当我再一次默读出这句话时，自己欣慰地笑了起来。

前几次考试的收获带给我的信心和动力是巨大的，在之后的学习过程中，我没有再遇到太大的挫折，整个学习进度变得顺风顺水。

如果不出意外的话，我想自己应该能稳定考取一个二本大学，至于重点本科，我不敢肯定，只能尽力去搏。或许这也是对自己实力的不自信，毕竟我还没有一次考试的成绩能达到全班前十。而从我们学校历年的考试情况来看，只有进班级前十或者全校文科前六十名，我才有机会上一本。

"加油吧。"我握了握拳头，望着远方的苍穹，细语喃喃道。

我回到教室里，看着高考日历上的数字。

35.

高中三年就剩下最后35天，我静静地站在原地，望着它出了神，脑海里闪过这三年的点点滴滴。

多少欢笑，多少辛酸，或许只剩下这35天了。

我很舍不得，舍不得学校，舍不得同学，舍不得老师，更舍不得我的青春。

正当我呆呆地回忆着懵懂年少的青春岁月时，有人突然拍了一下我的肩膀，接着我的眼前猛地晃出了一个人。

那个人是海波。

他满脸无光地冲到我面前，双目无神地看着我，我被他看得有点发愣，尤其是他那一头散乱的头发，当真把我给吓了一跳。

"欸，海波，你没事吧？你到底怎么了啊？"我疑惑地望着他，海波的样子有点吓人，眼神涣散，人好像憔悴了很多。

"小木，你能救救我吗？我感觉我快疯了。"海波说道。

"海波，你怎么了？"我有点惊讶。我一直觉得海波是那种今朝有酒今朝醉，明日愁来明日忧的人。换句话说，就是天生的乐观派，对什么事都笑嘻嘻的，对什么事都不在意。

不过，他今天呈现的状态，明显就不一样了。

他变得很慌张，满头是汗。

"你能教我怎么提高学习成绩么？我以为自己能考个三本，可是现在……你成绩提升那么快，有什么方法，能不能帮帮我？我就想考个三本。"

"那个……我其实成绩也不好……不过，如果你相信我，我会帮你的，我等会把我这段时间做的一些优质题目整理出来，你先试着做一下，这些题目考查的知识点都不难，但是都很重要。"

我很想帮海波，因为在我最困难的时候，是他帮助了我。

"真的么？"海波有点激动地看着我

"嗯，我答应帮你，不过你也要加油，因为自身的努力是最重要的。"我点着头道。可是我知道我说话有点没底气，因为时间已经所剩无几了，但即便如此，我还是要鼓励他。

"好，有兄弟你这句话，我马上去开工搞学习。"海波脸上突然绽放出开心的笑容。

"对了，小木，还有件事要你帮忙。"

"怎么了？你说。"我问道。

"你能帮我搞一张学习计划表么？我这人有点儿贪玩，如果没有限制，我怕我又玩去了。"他挠着头，有点不好意思地说道。

"好的，不过前提是你一定要坚持，不管怎样，都要咬着牙坚持下来。"我认真说道。

"好！坚持！反正也就个把月了，我咬咬牙！"

后来，我依据自己这一年的学习经验以及对海波的了解，给他定了一个学习计划表。

整个计划重在基础，因为海波的基础可以说比我当初还要差，稳居全班倒数第一。所以我没给他推荐试卷，也没推荐参考书，我现在给他的硬性任务就是只要他把书上的例题、重点知识搞懂就行，毕竟高考题大部分考的是基础。海波的志向是"保三争二"，所以避开难题疑题，专攻基础。

其实很多人在追求题目的数量和难度的同时，往往忽视了学习中最关键的一个部分——基础。

高二的时候，我记得学校里有一个比我们大一届的学长，他可以说是我们高二所有人的榜样，因为高考还没考，他就已经被保送到了全国最好的一所学校里最热门的一个专业，当时因为这件事，学长还上了我们当地的新闻节目。

高三时，有一个地理老师来我们班讲课，而他就是当初那位学长的班主任。他告诉我们，当初被我们视为偶像的学长其实并不算聪明，高一的时候还是班级第十名左右，不太出彩，但是他很努力，努力到连老师都劝他休息一下。

记得地理老师对他有一句评语：他的基本功扎实到恐怖！

后来我才听说，在高一高二两年的时间里，那个学长竟是把物理、化学书上的所有知识点和所有重点一字不落地背诵下来，连数学也是一样，更不用提语文了，甚至连英语书后面的单词表他也背了超过十遍，书都翻烂了。

这样努力的人，又怎么会不成功？

因此，我针对海波各科基础十分薄弱的情况，花了一天时间制定了属于他的计划表。我要他别管参考书、试卷上的题目，因为我知道，即使现在让他做，他也做不了。很多知识点，他根本就不知道在说什么。因此，我给他的建议是回归基础，盯着基础题做，因为高考中基础题和中档题的分值占了百分之七十，所以只要能在这百分之七十里面多拿点分，他就很有希望考上大学。

我帮海波把计划表定好之后，就开始着手自己的复习。

日子一天一天地过去，最后一次模拟考试很快到来。

我对待这次考试，不觉得紧张也不觉得兴奋，反而有一种说不出的释然。

考试终于来了，上午考的是语文，因为我的努力，面对很多题目我都有一套自己的答题方案，所以四平八稳，不过在作文方面，我第一次突破了自己。

我还记得作文是以飞翔为题。我当时采取的是以三个不同的小故事组合的形式，每篇小故事独立成章却又互相关联。考完之后，我觉得很有信心，至少能上100分。呵呵，可能大家会觉得很好笑，100

分，这对于很多成绩好的人来说，太小儿科了，可是对我，已经很满意了。

第二科，数学。那时候我已经做了将近40多套模拟高考试卷，而且每一份试卷都做了不止两遍，所以考试的时候我还是蛮有信心的，不说优秀，但我觉得分数至少能达到110以上，因为我在做题的过程感到很顺手。

后面的英语和文综我的感觉真的不多，不知道是好是坏，但每一场我都很努力。

在英语考试结束之后，我呆呆地坐在考座上，听着耳边嘈杂的吵闹声，望着眼前收拾东西出门的同学，脑子里突然迸出了一个很大胆的想法。

这段时间，放弃在校学习，回家自习！

因为，从我这一年学习的轨迹来看，我觉得自己是个自主性很强的人。在家里面，我可以自己一个人安安静静地做题，不会被学校的作息时间干扰，不会因为同学、老师而打断学习思路。

所以，经过两天深思熟虑之后，我向班主任提出了这个大胆的想法。

班主任没说什么，但也没有答应我，他说要我回去多想想，说如果明天依旧有这个想法，再来找他。

我有些气馁，叹了口气，朝教室走去。

我知道，班主任应该是不会允许了。

"小木！真看不出啊，哈哈，我就知道你可以的，真是太厉害了！”吕文突然跑到我的面前，一脸兴奋说道。

我还在因为回家计划被拒绝的事而感到沮丧，无精打采地问道："怎么了？"

"哈哈，大黑马，你现在已经成了学校的焦点人物了！"

吕文拍了拍我的肩膀，笑得很开心。

我依旧不明白，挠着脑袋问："到底怎么回事啊？我不是很懂。"

"我们老师今天特意把你当做正面教材，一直在夸你！"

"什么？我不是很明白，能不能说清楚点？"

"难道你还不知道？欸，赶快去你们教室门口看看成绩就知道了。"吕文神秘说道。

我思索着难道是考砸了？成了全校的笑柄？

不会啊，自我感觉还不错啊。

我满脸疑惑地跑到班级门口去查看自己的成绩排名和分数，因为榜单刚出来，所以榜单周围围了很多同学。

我踮起脚尖，往榜单上瞧去。

我在班级排名二十至三十位的人里面找自己的名字。

没有找到。

"考差了么？"我有点心慌地朝三十至四十位的人里面瞧去。

还是没找到。

"不会吧，我进前二十了？"我的心情一下子从低落转为激动。

"怎么还是没有？奇怪，我名字呢？"

我越想越奇怪，眼睛不经意在名单上扫视着。

突然，我整个人愣了一下，身体不自觉地颤抖起来，而且抖得很厉害，因为我意外地在排名前十位的名单中发现了自己的名字。摇了摇头，并且用手擦了擦眼睛，我不敢相信，这是不是看错了。

我是全班第4名？！

我被自己给震惊到了，整个人一直在发颤，因为一下子不能接受，除了不敢相信还是不敢相信。

姓名：林木。

成绩：语文119，数学125，文综226，英语111。

我呆呆地在教室门口一直看着那张成绩表，直到上课铃声响了，我都一直站在那。

我一遍又一遍地看着自己的成绩，像个傻子一般开心地笑着，直到笑出了泪。

盛满易为灾，谦冲恒受福。——张廷玉

接二连三的胜利，冲昏了我的头脑

或许因为这次模拟考试给我带来了太大的自信，我并没有再进行过多的利弊权衡，同样也把老陈对我的再三嘱咐抛之脑后。

我脑子里面想着：既然自己能在学校里面，主要通过自学的方式都获得了这么迅速的进步，那如果我回到家里，一个人能安安静静地做试卷，不会被学校的作息时间干扰，亦不会被同学或是老师打断做题思路，这样一来，我的学习效率岂不会翻倍？再者，学校到了现在这个时候，已经没有什么可以教的了，与其每天在教室里漫无目的地自习，还不如回到家按照自己的节奏来。

离开学校的想法在我的脑子里越来越强烈，再加上这次考试获得了非常优异的成绩，我极有底气地来到了办公室，再一次向班主任老陈提出了这个胆大的想法。

此时，距离高考只剩28天。

"小木，你自己已经想好了？你确定要在这时候离开学校？"老陈问我。

"老师，我不是离开学校，我只是想回家认认真真地做题，该来的时候我还是会来的。"

"我还是建议你再坚持二十多天……"

"老师，你就答应我这个请求吧，我不会让你失望的。"

看到我如此坚决的态度，老陈摇了摇头，欲言又止，他似乎已经知道我是非走不可。

"好，我尊重你的选择，希望你在家里能好好学习，如果学校有任何考试，你必须立马回来。"

"谢谢陈老师！"

班主任允许后，我异常兴奋地回到教室里，二话不说开始收拾书包。

一旁，小小清一脸疑惑地看着我，问道："小木，你收拾书包干吗？你这是要去哪？"

我一边捡着东西，一边开玩笑地说道："我昨天买了张彩票，然后发现中了五百万！现在我不读书啦，我准备去环游世界！"

"什么？你没骗我？"

小小清嘴巴睁得很大，表情更是惊讶，不过，他思索了数秒后立刻摇着头，否定道："得，如果你中了五百万，那我就被保送进清华了。说，你到底干吗去？"

"好吧，我没中五百万，但我是真的不想读书了。"我望着一脸懵懂的小小清，忍俊不禁。

"你肯定在骗我，你那么努力还会不读书？除非太阳从西边出来，要不然打死我也不相信。"

"不相信算了。"我把书包整理好，然后一溜烟地跑到小慧那里，跟她把事情缘由说完之后，她嘱咐我好好照顾自己，我点头说一定会的，并让她等着我的好消息，然后就飞奔了出去。

教室里，小小清望着我的背影，一脸迷茫。

当我从学校回到家以后，父母见到我的第一反应也是很惊讶。当我跟父母把事情的来龙去脉解释清楚后，他们说不管如何都会支持我，只要我自己不后悔就行。同时，他们承诺如果我在家里学习的话，他们会尽全力给予我最大的帮助。

听到这些话，我很感动，发誓自己一定不能辜负这些爱我的人。

我整整花了一个下午的时间，给自己定了一张学习计划表。

老陈只给了我十五天时间，他说十五天之后不管如何都必须回到学校去，因为最后的十天里，各科目的老师都会教授重点中的重点，以及高考注意事项。

我答应了，所以我要好好珍惜这十五天真正的自习生活。

我根据自己的学习习惯，灵活而科学地制订了每天的学习计划。

详细计划如下：

早上5：45起床，洗漱十五分钟，6：00出去晨练半个小时，因为身体是革命的本钱，距离高考只剩下一个月时间，如果这时候没有一个健康的身体，没有一个良好的状态，那将会严重影响高考的发挥，因此我觉得晨练是必须要的。

6：30—7：00，在吃早餐的同时，背诵英语单词，这个时候主要的进攻方向是那些很难记忆或者是很容易出错的单词。

关于这些难词从何而来，很简单，那时候的我已经在一个单词本上积累了近四百个难词。

高三第二学期的时候，我从小慧那里学到了一个很好的单词缺漏弥补法。这个方法很简单，就是每天抽出半个小时的时间，去做一篇完形填空或者阅读理解，在做题的同时，把自己不认识的单词摘录到一个单词本上，做完题目后，把那些单词注好释义，并进行背诵。时间久了，你会发现你摘录的难词会变多，同样，你掌握的单词数量也会迅速增加。

7：00—8：00，复习文综知识点。

8：00—8：30，背诵文言文，并进行语文诗歌背诵。

8：30—9：00：做几道历史选择题或者政治选择题，以此进行放松训练。当然，遇到难题可以跳过，这段时间主要以放松为主。因为在将近两个半小时的学习之后，我需要的不是立刻投入到下一轮的学习中，而是清醒的头脑和放松的心态，然后认认真真地准备下一场考试，其实这也跟我接下来的计划有莫大的关系。

9：00—11：30，语文测试，包括作文。我把这个时间定为我的语文测试时间是有原因的——我想体验高考的感觉。除此之外，我想把自己整个上午的全部精神集中在这两个半小时，这其实也是为我后面高考时能保持比较放松的心态打下基础。如果我能养成固定的做题习惯，那么在高考的时候，我也一定能保持良好的发挥。因为养成了做题习惯之后，高考对我来说仅仅是同样的时间、同样的试卷，不一样的地点的考试罢了，这样一来，我应该能坦然应考。

11：30—12：00，对语文答案，这个时候只去对答案不去看解题步骤，这主要是为了节省时间，因为具体的错题分析，我把它放到了晚上，与其他科目一起做。

12：00—12：30，在吃午饭的同时，翻阅以前的错题本，时间必须充分利用，不能浪费任何时间。

12：30—1：00，背诵英语的优秀作文和写作模板，并尝试仿写两至三个句子。

1：00—2：00，午睡。休整，维持良好的学习状态，并为了下午能更好地投入到学习之中做好准备。

2：00—2：30，背诵文综易错点。

2：30—3：00，做两篇文言文或者阅读文章。

3：00—5：00，数学考试或是英语考试。换句话说，如果我第一天的考试内容是语文和数学，那么第二天就是文综英语，完全按照高考的考试节奏来做，提前适应高考考试时间。

5：00—5：30，对答案，计算分数，并且整理错题。

5：30—7：00，自由时间，这时候可以根据实际情况来安排学习工作。

7：00—10：30，依次分析今天所做的试卷，并总结今天的学习成果以及经验教训。

10：30—11：00，错题温习，对前一天做错的题目进行第二次温习，温故而知新。

11：00，准时睡觉，当然，必须是伴随着英语听力进入睡眠。

没有了外界的干扰，现在的我可谓是马力全开，疾驰在成长的道路上。

在第十二天的时候，我接到了学校的通知，说要参加一场年级考试。当然，参加完两天考试之后，我又马不停蹄地回到了家里。

那个时候的我，突然对学校产生了一种莫名的陌生感，与此同时，我对温暖舒适的家的依赖越来越重。

很快，充实的十五天过去了。

我按照约定回到学校，其实我心里是不怎么想回学校的，但是君子一诺千金，只得忍着不适重回校园。

不过，当我再次踏入教室的时候，我发现同学们都是以异样的眼光看着我，我感到很奇怪，难道我离开了十五天，他们都不认识我了？

我在众人的注视下，满是疑惑地朝座位走去，这个时候，小慧看到我了，结果她超兴奋地朝我冲来。

"小木！你真是太厉害了，再这样下去，你可要成为学校的传奇啊！"小慧兴奋地说道。

我有点丈二和尚摸不着头脑，问道："怎么啦？"

"小木，你现在已经成了学校的焦点人物了！这几天老师一直在夸你！"小慧压抑不住心中的激动。

我依旧不太明白："小慧，到底怎么回事啊，是不是因为我在家复习的缘故？成了第一个高考前夕放弃学校回家的人？"

"不是啦！小木你是真傻还是装傻啊？"

"小慧，你就直说吧，我是真不知道发生了什么。"看到小慧一脸不信的样子，我真是哭笑不得。

"小木，你这次考试的语文作文是全班第一！政治分数更是全校第一！"

我惊讶地愣在原地，反复问道："小慧，你发誓没有骗我？"

小慧笑得很开心，说："我骗你干吗，你这次考试的总分数是全校文科第二十名，哈哈，小木，恭喜你，你离成功不远了！"

"真的吗？哈哈，我……真是厉害！小慧，谢谢你！"

这一次，幸福来得太突然，以至于冲昏了我的头脑。

在向小慧道谢之后，我回到了座位，我并没有急着把书本从书包里拿出来，而是在脑子里思索：既然这次考试我又有了巨大的进步，那么就证明我的学习方法是极为正确的。既然如此，我为什么还待在学校呢？

只在教室里待了不到五分钟的我，又一次背着书包走出了教室。

我不顾老陈与几位任课老师的阻止，执意要回家复习。

在老陈极为无奈地答应了我的要求之后，我的自信心开始无限膨胀。

踏出学校的一刹那，我的心里传来一道声音："呵呵，在我这个天才面前，高考算得了什么？全校第二十名？下一次，高考之时，我的目标是全校第一名！没有人可以阻挡我！"

我就头也不回地离开了学校。

重返家中，我舒舒服服地躺在床上，一没有做题，二不愿意碰试卷，我突然想给自己放个小长假，反正离高考还有十多天，我就暂时歇息个五天好了。反正我现在成绩已经很不错了，按照这个成绩，我考个一本还是没有太大问题的。

想着想着，我就进入了睡梦之中。

在梦中，我梦到自己高考考到了全校第一名，成功踏进了梦寐以求的大学……就在我做着美梦的时候，一声巨响把我给生生吵醒了，原来是我的书本从书桌上重重地掉落在地。望着瘫在地上的课本，我冷冷地瞪了一眼，心里郁闷道："该死的，好不容易做个美梦就被你给吵醒了。"

没有捡起那几本书，我重新闭上了眼睛，再度陷入无尽的幻想。

停杯投箸不能食，拔剑四顾心茫然。——李白

高考之日

自从那几次考试获得了巨大的胜利之后，我变得轻浮、骄傲，甚至极度自负。

因为我的"传奇"经历，使得一段时间里，有许多人来向我请教学习方法，问我是如何在一年的时间内完成从差生到优等生的蜕变，并且有如此成就的……这时候，我放下手中的笔和正在进行的试卷，开始洋洋得意，去"指教"别人。

随着时间的流逝，我对自己的实力有了盲目的自信，而过往的努力，曾经的汗水，似乎都化成了我骄傲的资本。

我深信不疑：一个人是可以通过努力走向成功的，而我此时此

刻，就站在了成功的终点线上。

我觉得自己已经不需要花费任何力气，或者说我并不需要再去努力，因为终点就在我的脚下，几天之后，我只需要轻轻地跨过这道重点线就好了。

高考，对于现在的我来说，能算得了什么？

我不再认真做题目，不再刻苦拼命，即使高考就在眼前，但我却毫无所谓。

我沉浸在胜利的喜悦与幻想的梦乡之中，无法自拔。

我变得早睡晚起，变得只图享受生活，变得不可一世。

我的班主任不止一次打电话给我家里，让我来学校读书，可自满傲慢的我又怎会把这些话放在心里？我依旧任性妄为，不管不顾，觉得老师跟家长根本就不懂我。

或许是这几次获得的优异成绩让我有了反抗的资本，我不止一次在内心深处对那些喜欢"唠叨"的大人进行嘲讽："呵呵，你们根本就不懂，要是你们真的懂我，要是你们真的懂学习，那么你们就会支持我……"

谦虚是什么？骄傲又是什么？对一个成功者来说，根本就不需要顾及他人的看法！

我再也没有静下心来，因为我觉得自己完全有信心上一本。记得一年以前，我高考的目标是有书读，或者能考上二本就满足了，而现在我所能预见的结果是我考上了重点本科大学，这种持续发酵的"自信"令我得意忘形，甚至无比嚣张。

就连最后的三天，我照完毕业照之后，不顾班主任的强烈阻难，执意要回家搞自习。而我在那最后的三天里，每天都打不起精神来学习。我以为自己学的已经够多了，已经没必要再复习了，所以每天除了睡觉就是看电视，或者用手机刷一刷高考状元们的传奇事迹，幻想着这次高考考完后我也能成为一个"传奇"。

面对三天之后的高考，我觉得它根本就算不了什么，不就是一次考试么？

三天后，真正的高考来临。

十二年的寒窗就此化为两天的考试，而这两天的考试，可能决定了你接下来的一生。

校园里，每一个学生的脸上都呈现着无数种复杂的情感。

有的人坦然无畏，蹲在路边，一边吃早饭一边听音乐；有的人三五成群，互相给对方言语上的鼓励；有的人独自一人，不断地原地徘徊，嘴唇微动，似乎在小声诉说着什么；有的人忧心忡忡，抱着一本单词书，面露焦急地背诵着最后几个词语。

"小木，加油。"小慧从后面拍着我的肩膀，脸上洋溢着热情的笑容。在向我简单地表达了祝福之后，她随同另外几个女生，从我身旁走了过去。

"你也加油，等着你的好消息。"我礼貌地回应。

当时的我在听相声，正听得不亦乐乎呢。对于这种行为，我美其名曰，放松心态。

"小木，加油。"

这时，又有人从背后拍了拍我的肩膀。

回过头，眼前站着的是海波。

"啊，海波，你怎么回来了？你来考试吗？"面对他的到来，我表示很惊讶。

一个月以前，海波从学校办理了退学手续，年仅18岁的他，正式告别了学生时代。据说，他家里让他过段日子就去部队当兵。

"唉，想不到高考就来了，而且就在我的眼前。"海波望着熟悉的教学楼，发出感慨。

我叹了口气，说："你当初如果再坚持一个多月，你也将踏进不远处的那栋楼。"

"不了，我实在是受不了了，我没你那么好的天赋，也没你那么能吃苦，在几次挣扎失败以后，我就彻底放弃了，反正对我来说，眼前也不只有读书这一条路。"他眯着眼睛，脸上的表情令人捉摸不透。

"本来我今天是不准备来的，但后来一想，读了十多年书，总还是要'参加'一次高考的，现在梦想达成了。不过，好在我还有校服跟校徽，门卫大叔也认得我，要不然今天我还真进不来，哈哈……好了，小木，你加油吧，我再去找几个朋友聊聊。"

我俩互相道别以后，我蹲在台阶上，看着海波的背影渐行渐远。

不知道从这之后，我俩下一次见面是什么时候。

"小木，加油！"

小小清从我的正面走了过来，他给了我一粒口香糖，说吃了这粒糖，这次考试觉得甜蜜蜜的。另外，他让我好好加油，在接下来的四堂考试中发挥出最高的水平，因为他说他要把我当做竞争对手，只有我考好了，他才能考得更好。

我笑着说没问题，因为这个时候的我已经强得"无人能敌"。

片刻，小小清也从我身边走了，他的考场在另一栋教学楼。

"小木，加油。"

这是吕文的声音。

"你也加油。"

我俩只互相说了一句话便从对方的身边走了过去，因为这个时候高考铃声响了。

"全体同学，请进入相应考场做好考试准备。"

三分钟后，我满怀信心地踏入考场，看着窗外的阳光明媚，看着黑板上那一句句激励着我们的话语，想着高三的点点滴滴，我闭上眼睛，笑了，笑得很开心。

两天后，我将成为传奇。

二十分钟后，高考，正式开始。

第一堂考语文，我看到默写，竟然一下子慌了神，因为突然感觉什么都不记得了，不过幸好马上回过了神，顺利地填出了几个答案，只是还差四个空白没有填。但考试经验丰富的我立马对自己下命令，先做其他题！可是，做后面题目时，我也感觉十分不顺手，完全没有了做题的感觉。

"我这是怎么了？"

在不断地质问自己的过程中，第一堂考试，结束了。

结果，显而易见，我的语文并没有考好，默写题竟然到最后还剩两个空没有填，想当初高三最后半年的默写题我从来都是全对，可这次，我却没有做完。

不过，受过多次打击的我，决定赶快调整好心态，去认真迎接接下来的三门考试。

下午，做高考数学的时候，我似乎找回了原来的信心，一路过关斩将，毫无压力，直到我遇到最后两道附加题的时候，几次我都只做了前面几个步骤就无法再做下去，到还有半个小时交卷的时候，我竟然产生了一个大胆的想法："反正也做不出来了，还不如提早交卷。"而这个想法，以前我是想都不敢想的，我不知道是什么让我竟然如此静不下心，如此狂躁。尤其是最后的半个小时，我脑子就开始乱了，什么题目都做不进去，不但无法做出正确的答案，还对自己先前做的选择题产生了严重的怀疑。

第二天的英语和文综，也是没多少题感，这两天，那个拿下单科王的我，那个冲进过全班前十的我，那个面对任何题目都毫无惧色的我——失踪了。

就这样，我人生中最重要的一次考试——高考，就在浑浑噩噩之间，就在茫然失措之间，迅速地逝去了。

煎熬着等了十多天，我的高考成绩出来了，我乐观估分有580分，觉得运气好还能上个一本，可是，现实却给了我当头一棒。

语文101，英语107，文综210，数学121，总分539，仅仅高出二本线10分。

那一刻，我看到分数有些呆滞，因为这与我的估分差得实在太远，我无法相信这个残酷的事实。

与此同时，我家里人都很开心，说我通过自己的努力考上了二本，奶奶说要帮我摆升学宴，而爷爷更是特意打电话给我，说我是他的骄傲……可即使来自家人与亲戚的赞美声不绝于耳，但我却一点也高兴不起来，我不知道高考中自己究竟发生了什么事，不知道自己为什么就只比二本线高了10分，不知道那个学习优异的我哪儿去了。

或许，这是命运吧。我安慰着自己。

之后，强迫自己接受命运的我迅速地堕落了下去。

那段时间，我日夜颠倒，整个人变得浑浑噩噩，每天只知道睡觉和玩，整天泡在游戏厅、网吧。

我成为了一具行尸走肉，爬行在人生的泥沼里。

有一天，我和吕文在玩实况，边上还有我们的另一个好朋友——刘昊。刘昊这次只考了三本，心里很不爽，他对我们说，他正在复读和三本之间犹豫。

正当刘昊抱怨高考的同时，吕文突然把手柄放到一边，沉默了许久，然后他眯着眼睛严肃地对我说："小木，我想复读。"

我被震惊到了，一个已经考上了十大名校的学生，一个高考总分656的学生，竟然对我说他要复读。

我疑惑地看着他，问道："你是不是今天发烧了？没事吧你？来让我摸摸额头。"说完，我就要把手给放到吕文头上去。

　　吕文笑着把我的手给打掉："我是说真的，我想考北京大学，因为那是我的梦想。"

　　梦想？

　　听到这两个字，我的心突然震颤了一下，不知道为何。

　　之后，回家的路上，我一直在想，我可不可以去复读？我还有没有梦想？我的梦想究竟是不是一个普普通通的二本？我为什么没想过去重新奋斗一年呢，是我吃不了苦，是我害怕再次失利？

　　那天，我坐在江边，第一次买了一包香烟，第一次点燃一根香烟，也是第一次抽了一口。

　　江风吹在我的脸上，刺激的烟味从我的口中、鼻中疯狂涌出，我被呛得泪流满面，我把剩下的烟扔进了水里。

　　我边流泪，边望着远方。

　　江的对岸，是无数灿烂辉煌的大楼，它们象征着一个城市的成功与梦想。

　　我脸上挂满泪痕，对着寂寥的江水，歇斯底里地喊出了心中的不甘。

　　"我也有梦想。"

（四）

复读篇

一寸丹心图报国，两行清泪为思亲。——于谦

梦想，重新起航

傍晚，我回到家，郑重地把想去复读的事告诉了我的家人，正如我预想的一样，他们强烈反对，不过，我自己已经决定了。

"爸妈，我可以的，请相信我，我一定可以的。"

"你确定？不会后悔？"我爸点了一根烟，正色问道。

我点了点头，表示不会为自己的行为后悔。

其实，我都明白，父母是不想我再受苦，因为复读的压力比高三的压力真的大了很多，这种压力无论是从身体还是精神上，都是一般人难以承受的。一旦你复读后的成绩依旧不好，那么就等于你这一年的辛苦白费了。

"加油，我同意。"我爸抽完烟，轻描淡写地说了一句，然后他就走进了卧室。

我妈一听，急了，赶忙对我爸叫道："说什么？这种事不是该多考虑考虑吗？这关系到孩子的未来啊……"

"让他去吧，我们不能管他一辈子，有些事需要他自己去把握。"我爸的声音从房间里传来。

"你会很辛苦的。"我奶奶摸了摸我的手，叹气道。

"没事，吃点苦不算什么。"

我妈还是想劝我多考虑一下，但见我执意要去，最后她也没办法，只得放手。

征得他们同意后，如释重负，回到房间，我打开电脑，在自己的博客里写下了我的第一篇日志，而日志标题和内容仅仅只有几个字。

"苦心人，天不负，卧薪尝胆，三千越甲可吞吴。"

这句话也成了贴在我课桌上的座右铭，它陪伴了我整整一年。

已经下定决心从头开始后，自己就要重新投身到学习浪潮中去了。

第二天，我跑到县城的新华书店里面去买了两本参考书，厚厚的两本大书，足有八百多页！当我买完回来，我妈还笑着说我高中三年不知道有没有做过这么多题。

我相信，如果我能认真地做完这两本书，不管有没有效果，至少我肯定会很有成就感。

带着一颗浴火重生的心，我回到了房间，重新从抽屉里拿出笔，静下心开始做题。

结果，等做完题目一对答案，满页的红叉，几乎每一篇测试题都只有百分之五十的正确率。

果然，这么久没碰学习，学习能力明显已经退化了。

不过，即便错了很多题目，但是我内心却有一种兴奋感，因为自己终于找到了久违的感觉——一种渴望征服的感觉。

我整个人变得异常兴奋，右手不停地在课本上写着，分析错题、总结经验，然后继续做题目……再分析，再总结……再做。

后来，等我回过神来，时钟显示已是晚上八点。

"已经这么晚了啊。"我摸摸了肚子，感觉非常饿。

的确，我从中午回到家一直闷头学习搞到了晚上八点，整整八个小时，我一直处于疯狂的做题模式。

从椅子上站起来，我伸了个懒腰，想出去找点吃的，一扭头却意外地发现一旁的书桌上摆放着诱人的饭菜，乖乖，原来爸妈早已经把饭菜给我送了进来，可能是我做题太过投入，并没有察觉到这些。

大概过了三天，我妈突然跟我说，该是准备要去上学了，因为不少复读学校已经开学。她当时给了我两个选择：一是去省会的复读学校——麓山复读；二是就在我们本地那个据说很是恐怖的复读学校——金桥中学。

不知为什么，我并没有选择去条件优越的麓山，而是选择了的金桥。这可能是我因为上一次高考的失利，导致我不太想再奢求什么；亦可能是想磨炼一下自己，心想：既然是要复读，当然要去最苦的地方，不是都说逆境出人才么？

最后，我不听我妈的劝告，毅然决然地选择了金桥，这个我需要奋战一年的地方。

第二天，我妈就准备带我去报名，但我拒绝了，因为我想先在家里自己搞一个月学习，晚点再去上学，我妈犹豫了会儿，看了看我坚毅的眼神，最终还是答应了。

"你好好把握，学习上的事我帮不了你太多，全凭你自己。"她叹了口气，语重心长道。

我点了点头，表示一定不会让她失望。

她笑了笑，转身走出了房间。

望着母亲的背影，我明白，从这一刻开始，我的复读生涯就要轰轰烈烈地展开了。

至于这一个月请假不去上课的目的，我心里很清楚，那就是尽量在最短的时间内攻克最薄弱的科目——英语。

如果我的英语成绩能提升到与其他主科相同的水平线上，那么我的成绩将会有一个大幅度的提升。为此我真是下了大工夫，可谓是无所不用其极。

第二天，我顶着烈日，用两条腿跑遍了当时所有我能联系到的优等生家，厚下脸皮跟他们借了高三上课时没扔掉的英语课本和笔记本，因为每一本书或者笔记本上面几乎都保存着他们学习的精华，等到傍晚回家，我的书包已是装得满满的。

接下来，我拿出这些书本，开始一本一本地对照，一页一页地翻阅，把重复的知识要点画掉后，我一个一个地把所有的文字全部抄到了自己的笔记本上。

等我全部抄完，已是夜深人静时。

"乖乖，这可是一大笔财富啊，这该是我们多少名校优等生的'高考宝典'啊，哈哈，硬是被我给'偷'到手了。"我擦了擦头顶的汗，望着写得密密麻麻的本子，心中窃喜。

我为我自编的这本册子取了个好听的名字——"状元宝典"。

接下来的十天里，我每时每刻都看"状元宝典"，一来是检查自己的知识盲区，二是总结反思为什么这些知识点他们会重点标注，以及这个知识点的核心在哪里，如果碰到相关题目我应该如何去运用这些知识点来解题。

古人云："吾日三省吾身"。我觉得，我是"吾日三省吾题"。

当我终于把他们所有的知识点都复习了一遍之后，我又马不停蹄地展开了我的英语题海战术。

虽然"状元宝典"的存在让我英语"功力"大增，但真正去面对一整套试卷时，还是会有一种力不从心感，经常望着题目难以下笔。

为了找到做英语试题的感觉，接下来的二十天里，我做了将近150篇阅读理解和完形填空。除去睡觉的时间，我几乎整个人都埋在了英语试题里，就连吃饭、上厕所时我都没有放下试卷。哪怕是我晚上陪家人去逛街买衣服，我都会先把白天做的试题中不懂的单词抄在一张纸上，在走路或者买东西的时候，偷偷拿出来看一下。

因为，有一句话始终藏在我心底——书山有路勤为径。

当你认真去做一件事的时候，就会发现时间过得真的很快。几乎是眨眼间，我就要去复读学校读书了。说句实话，我开始真的很怕自己不适应，因为在高中的时候，我都是"走读"，意思就是我不需要寄宿，可以每天回家住，享受家人的关爱和舒适的环境。

而这次，我的情况可以说是发生了翻天覆地的变化。我将要去的地方是我们那一个很偏僻的乡镇，那里没有家人的关爱，没有优越的居住条件，更没有随心所欲的生活。在那里，我需要一个人担当起生活的方方面面，也就是说我不但要努力去学习，更要合理地安排好自己的生活，不能让生活影响到学习。这对于一个从未出过远门的我来说，无疑是个不小的挑战。

不过，作为一个大丈夫，我坚信自己能克服所有的困难，迎难而上，勇往直前！

上车之前，我的母亲和奶奶拉着我的手，很是舍不得。

"被子记得盖好，你睡觉时喜欢踢被子，在家都是我帮你盖……现在你要走了，我还真不放心……可千万不能冻着了……"

"饭菜要吃好点，不要挑食，多吃点蔬菜，这样对你的身体好……"

"晚上不要看书看太晚了，别累着自己……"

奶奶紧紧地握住我的手，一遍又一遍嘱咐着，仿佛有说不完的话。

"我知道了，奶奶，你也照顾好身体。"我强忍住自己内心汹涌的情绪，尽量让表情看上去正常一点，因为我不想让他们担心。

"你爷爷身体不行，这两年都没有陪你，希望你不要怪他……"

我奶奶红着眼说道。

"奶奶，我从来没有怪过爷爷，我只希望爷爷能好起来……"说着说着，我的眼睛也红了。

"觉得苦了累了，给家里打电话，不要憋在心里。"我妈说道。

"嗯，我知道了，你们快回去吧，车要开了。"我推着他们，想让他们早点走。那时，我的鼻子酸得厉害，我真怕自己忍不住哭出来。对我来说，一个男人要是在大庭广众哭出来是一件很丢脸的事情。

"加油，我孙子是最棒的！"

"一定要好好照顾好自己！"

待到汽车发动之后，他们的话语依旧在我的耳边萦绕。

那个时候，我就在心里面暗自发誓绝对不能辜负他们，就算自己再苦再累也要坚持下去，无论如何都要成功！

车慢慢开动，我在车窗里探出头，回头望去，我的家人都在一直看着我，我的眼泪最终还是禁不住地滚了下来，看着他们远去的身影，我心里有种说不出的疼痛。

为了梦想，为了未来，为了家人，加油！

千磨万击还坚劲，任尔东西南北风。——郑板桥

破釜沉舟，一展宏图

　　历经三个小时的车程，我终于来到了传说中的复读学校——金桥中学。

　　金桥中学是一所特殊的私立学校，在这所学校里只有高四这一个年级，也就是说这所学校的所有学生都是上次高考的失败者。

　　金桥中学坐落于我们县下面的一个乡镇当中，地理位置的偏僻加上学校本身的原因，使得学校的硬件设施与生活质量十分低，因此很多人也把金桥中学戏称为"复读炼狱"。

　　下车后，我提着行李，在学校周边逛了一圈儿。

　　不逛不知道，一逛我才发现，学校周边竟然只有一条可以购物的

小街，也就是说整所学校几乎被农田与林木包围。放眼望去，除了学校教学楼跟宿舍，根本看不到一所超过三层楼的房子，都是矮平房。

"得，这一年估计会很不好过了。"熟悉了下周围的环境后，我自言自语地朝学校走去。途径校门口时，我看到了一块巨大的红榜。

"那是个什么东西？话说这么大一块红牌子摆在校门中央也太不合适了吧？"我嘀咕着朝前走去。

不过，当我真正看清楚红榜上的内容时，我的脑子完全蒙了。

然后，就是热血沸腾！

红榜上呈现的是金桥学校在去年一年取得的收获。

奇迹涌现！

无数学生一年提高100分、200分，甚至400分；无数名校，无数高不可及的分数；而高达百分之九十的本科录取率更是惊人。

其中，金桥中学高考理科第一名的成绩着实震撼到我了，我愣在原地，望着那逆天的单科分数，一句话也说不出来。

语文123，数学149，理综295，英语132。

到底是经过了怎样的磨炼，才能有这样的成绩？

我既紧张又兴奋地走进了学校。

找到教学楼，我根据楼层示意图寻找着教务处的所在地。途径学生教室的时候，我发现所有的教室都鸦雀无声，因为今天是星期六，我下意识以为学校放假了，没有人待在教室。但在经过一扇未关的窗户时，我无意中看到教室里竟是坐满了低头做题的学生。

霎时，一种无形的压力从心底涌了上来。

　　来到教务处，向老师简单介绍了我的情况，他似乎很惊讶，因为我貌似是今年唯一一个考上本科拿到通知书后还选择复读的学生。虽然之前来复读的学生不乏高考成绩比我好的，但他们都没有被录取，无奈下只能选择复读。

　　我简单办理好入学手续后，教务处主任说我晚来了一个多月，分班已经结束了，让我自己选择班级。

　　他给了我一张班级表，让我随便选一个。

　　金桥学校的文科有6个班，理科有10个班，全校人数大概是1000人左右。

　　我拿了几个班的大致情况表，简单地筛选后就敲定了一个班级——16班。

　　我之所以选择这个班，并不是因为我知道某些内幕，完全只是因为我在16班的班级名单上发现了一个十分熟悉的名字。

　　我在教务处老师的带领下，来到了一间狭小办公室。在办公室里，我第一次见到了我们班主任。他是一位数学老师，寸头，浓眉，嘴唇边有两条特点鲜明的八字胡，塌陷的鼻梁上轻松地架着一副金丝眼镜。

　　我把我的个人情况说给班主任听之后，他点了点头，瘦小的身板从椅子上站了起来，二话不说，就要把我带到班上去。

　　我说我一个陌生人这样突然进去会不会有点不好。

　　他说没事，要我别浪费了两节自习课。

　　我不断地深呼吸，努力安抚着自己怦怦乱跳的心脏，整个人忐忑不安，生怕会在众人面前出丑。可是，当我真正跟随班主任进到教室时，我才发现我把自己看得太重了。

因为，整个班没有一个学生抬起头看我，他们都在低头做题，心无旁骛。

犹如空气，我尴尬地站在讲台上。

班主任故意咳嗽了两声，底下的学生才缓缓抬起头，开始注意到我这个陌生人。

班主任在班上简要地说明了我的情况后，便要我做下自我介绍。虽然之前在办公室的时候，他提前跟我打好了招呼，要我准备准备，但当我看着班上那么多陌生而冷漠的面孔时，我却是一时语塞。

"新同学，大家给点掌声。"

瞬间，掌声雷动。

班主任这句话可谓是把我推向了风口浪尖，我不得不开口说些什么，即使我大脑一片苍白。

片刻，鸦雀无声。

我两只手死死抓着讲台，双腿颤抖得厉害。

台下，所有人的目光都是冷冰冰的，面容充满了麻木与疲倦。

"我叫林林林……木。"受到环境的影响，我紧张得有些口吃。

正当我想敷衍了事、早早结束这痛苦的自我介绍时，台下传来的不屑冷语却令我改变了主意。

"快点下去，别耽误时间。"

"说的是什么跟什么，完全听不清。"

"这人是不是有病？考上了大学还跑回来复读？"

片刻，我的自尊心被彻底激怒。

我清了清嗓子，把目光从讲台移到了教室后面的黑板上，重新做了一遍自我介绍。

记得某位圣贤曾说过，如果他人用冷言冷语待你，你最好的反击是以仁爱之心对之。

"……我敬佩在座的每一个人，因为你们都是没有放弃自己心中梦想的天使，你们选择复读这条艰辛的道路就是最好的证明。你们无畏别人嘲讽的眼神、无畏艰苦的学习条件、无畏煎熬的学习生活、无畏巨大的学习压力，选择了这条充满苦难但远方灿烂的路。你们是勇敢者，即使踏着荆棘，也不觉得痛苦，独往远方，梦逐虹光……为了心中的梦想，让我们一起加油。"

我说完之后，班主任第一个鼓起了掌，随后全班同学跟着鼓起掌来。

很明显，我的自我介绍是成功的，所有人都停下了手中的笔专心地听我说话，而他们看我的眼神也发生了转变。

接下来，老师要我自己选位子，我没有丝毫犹豫地选择了第七组的最后一个位子，因为这个位子的同桌坐着一个我再熟悉不过的人——小小清。

看到我走了过来，小小清撑着脑袋，一脸震惊地看着我，问道："小木，你怎么来了？你不是被录取了么？"

我反问了一句："那你呢？"

他摇了摇头，一脸悲催的表情，"得，别提了，离一本线差一分，志愿没录取到，倒霉死了。"

小小清虽然是超过二本线40分，但是他填的学校都比他的分数高那么一两分，他又全是选择的不服从调剂。因此，毫无疑问地落榜了。

"小木，你来了，咱俩一起去外面租房子住如何？"

"可以吗？我没问题。"我当时想如果能在外面住，我就可以避免熄灯的打扰，利用深夜的时间来做题了。

小小清想都没想，抓住了我的手，眼神炙热："No problem！"

之后，还没在寝室住过一天的我，立马跟小小清搬到了外面。

那时候，因为小小清的妈妈和校长关系不错，所以我也没必要麻烦我家人，十分容易地就拿到了可以外宿的许可证。

我们租到了学校正对面一个旅馆。旅馆里有一间房，两张床，独立的卫生间，有热水，有电，本来还有一台电视的，但在我跟小小清思索了片刻后，最终决定撤走这台电视。

打扫完房间后，小小清一下躺到了床上，释然道："这比寝室舒服多了，哎，你是不知道，前段时间这里下雨，外面下大雨，寝室下小雨，那日子……真是折磨死我了。"

我笑了笑，然后从书包里掏出一叠海报，海报上印着的不是明星也不是风景，而是中国的十大名校的校徽，其中有清华、北大、人大、南京大学、中山大学、港大、武汉大学、北京外国语大学、厦门大学，以及浙江大学。

我把它们剪下来依次贴在了我们的天花板上，算是一种激励自己的手段。

因为，我能在起床的时候，第一眼就看到自己的梦想，这会让我早起之时充满热血与激情；而晚上睡觉前，我也能看着那些心目中的大学入睡，这会让我更加坚定自己的信心。

小小清看到了那些校徽之后也变得激动起来，他从床上蹦了起来，摩拳擦掌地说道："哈哈，小木你真是太棒了……嘿嘿，看来是老天爷要我去人大啊。好，中国人民大学，请再给我一年的时间！"

我望着这些象征着梦想的校徽，死死握紧了拳头。

那一天，那一刻，我对自己说："破釜沉舟，一展宏图！"

千淘万漉虽辛苦，吹尽狂沙始到金。——刘禹锡

第七名？意料之外的月考！

第一次在新的学校上晚自习，我有点不自在，总是不能集中注意力，因为总是有蚊子在我边上烦我。要知道，乡下的蚊子可比城里的厉害多了，仅仅是一晚上的时间，我脚上就被咬了好多口，而且咬我的都是些毒蚊子，又红又肿还出血。我虽然疼痒难耐，可是没办法，看着周围的人都在咬牙学习，我也只好忍着灼热的痛楚做题。

对我来说，为了避免盲目学习的情况，所以每天的晚自习都有固定的学习安排。

我一般是这么分配四节晚自习的：第一节晚自习主攻数学，因为刚吃完饭不久精力还比较充沛，非常适合脑部运动，所以安排数学来

练脑；第二节晚自习是英语时间，这是我从高三时养成的习惯；第三节晚自习我会用来复习文科综合，巩固知识；第四节晚自习，我会温习今天课堂上涉及的语文重点知识，顺便做一两套语文基础习题。

艰难地熬完四节晚自习时，已是晚上十点二十分，我们晚自习的时间是从傍晚五点四十到晚上十点二十。

晚自习一结束，我立马拖着疲惫的身子回到了"小家"，先洗了个澡，然后全身上下涂满花露水。

我们居住在一栋两层楼高的旅馆，因为空间比较狭小，所以我们称呼它为"小家"。

一回到小家，我就躺到了床上，准备睡觉。突然，看到了天花板上的校徽，好吧，我的动力又来了。我跑去厕所用冷水洗了洗脸，然后在房间内摆了张桌子，开着台灯，继续奋斗。

小小清说他太累，所以回到家就已经睡着了。其实我也有点累，但不知为何，我一躺到床上，心里就有股莫名的慌张。当我看到头顶上的梦想，再想想现实的差距，就不自觉地爬起来。

拿起笔，翻开书本，我深呼吸一口气，埋头做题。

因为自己已经晚了将近一个月才来上课，我怕学习进度会跟不上，所以只能利用休息时间来追上他们。另外，今天上课的时候，老师带来了一个让我忐忑无比的消息：学校即将举行第一次月考。

刚听到这个消息时，我两只手都攥满了汗水，因为心里实在没有底，虽然我的高考成绩能在复读生中排进前五十，但我高三的一些知识在暑假的时候就已经忘得差不多了。

为了不在第一次考试中就折戟沉沙，影响士气，我只得咬紧牙关，拼命去学习。

我开始把作息时间从早6晚11调整到早5点半晚12，也就是我每天必须学习到到凌晨12点，早上五点起来，中午放弃一个半小时的午睡时间用来复习。

那段时间，我整个人的生理与心理状态都处于高度紧张之中，犹如一根紧绷得弦，丝毫不敢放松。

后来，又因为怕自己学习太忙，导致学习节奏杂乱，所以我给自己买了一个专门用来记录学习计划、可以随身携带的记事本。

我给自己定了一个硬性规矩：每天晚上睡觉之前都要给第二天的自己列好学习计划，并且把第二天的学习计划详细地记录在记事本上，如果第二天没有完成第一天分配的任务，那么就不能睡觉，直到把任务做完为止。

自从用了这个方法之后，我的整个学习进度变得有条不紊，每天学习都有清晰的目标与方向，再也没有茫然无措的情况出现。后来，我依据自己的现实情况与奋斗目标，分别制订了每周计划和每月计划，甚至还有季度性的学习计划，也正是因为有了这些计划，才使得我的学习效率越来越高，对时间的有效利用率也大大提升。

时间一天一天地过去，距离第一次月考，只剩三天时间。

今天是星期天，在离月考还有两天之际，吕文和刘昊来到了我们学校，他们提着大包小包的零食，千里迢迢跑到我们学校来看望我。

刘昊最后是报了一所三本院校，而吕文依旧去了他的名牌大学，因为他家里不同意他复读。他们在就要走的前几天，特意买了很多东西来看我，我看到他们很高兴，带他们逛了逛我们不大的校园。

吕文拍了拍我的肩膀，笑着说："哎，小木，要不是我家人反对，我也来这里了。"

刘昊倒是很开心："这么差的条件，好在哥没来，真是明智之举。"

我和吕文鄙视地看了刘昊一眼。

我和他们聊了很久，从电脑游戏聊到人生理想，不知不觉就到了下午四点，因为担心吕文他们赶不上大巴车回家，我们只得依依惜别。

走之前，吕文塞给我一个锦囊。他告诉我说这是他从南岳衡山求得，有大师开过光，他说要我把锦囊放在身边，这会给我带来好运。

"以后遭遇到困难了，锦囊或许可以帮到你。"吕文笑着对我说。

我以为他是对我开玩笑的，所以没太在意他这句话。

记得后来，我有一次考试遭遇了重大失利，我整个人万念俱灰，一时烦闷，撕开了吕文的锦囊，这时我才发现锦囊里还有一张纸条。

读完那张纸条，我号啕大哭了起来。

"小木，加油，不能放弃，我们在远方一直支持着你。别停下自己的脚步，一步一步走下去，我们会陪着你，因为我们知道总有那么一天，一定有那么一天，你会实现自己心中的梦，你会找到属于你的那片天空。"

这是他们发自心底最诚挚的鼓励和祝福，字字牵动着我的心。那天原本颓废的我，再次抬起了头。向着天空伸出了自己的拳头。

走之前，吕文跟我拥抱，说：

"小木，我相信你，你一定能考上你梦想的大学。"

送他们上车后，我看着那辆渐渐远去的汽车，一时心里很不是滋味。

我知道这是我们这一年最后一次见面了，因为再过不久，他们将要各奔东西，各自奔向自己新的人生。

就在我感慨万千之际，小小的车窗里突然伸出了两个拳头，看到这一幕，我的眼睛瞬间就湿透了。

因为之前我们在一起玩的时候，每当遇到挫折或者不开心都会朝天举起拳头，用这种方式来激励对方。

看着车窗外伸出的两个为我加油、象征友谊的拳头，我鼻子酸疼不已。

那一刻，我也朝着天空高高地举起了自己的拳头，呐喊道："你们等着我，我一定会赶上你们的。"

一世人，两兄弟！

送走吕文他们，我一个人溜达着来到学校的操场，看着有点陈旧的篮球场，望着高耸的篮筐，我突然有点手痒，似乎自己在这一个多月以来，还没有放松过一次，所以，趁着离上晚自习还有一些时间，跑到体育室借了一个篮球。

身体是革命的本钱，该锻炼的时候还是要锻炼。

就在我拿着篮球往操场走去之时，有人从背后突然拍了拍我的肩膀，我回过头一看，发现是我们班的班长。

一个剃着平头，身材虽然瘦弱，但形象气质却大大方方的男生。

"你好，班长。"因为每节课起立都是由他来领喊，所以对他印象还比较深刻。

他笑着伸出了手："你好，我是黄虎，你可以叫我虎子，以后咱们可要共患难一年，还请多指教。"

我回应道："请多指教，班长，我叫林木，你叫我小木就好。"

"嗯嗯，小木，看你这架势，是准备打篮球去啊？"

"是啊，感觉这段时间身体都僵硬了，趁着今天有点时间，我去锻炼锻炼，活动一下，你来吗？我们可以一起打。"我邀请道。

"不了，我等下还要回去洗衣服呢，小木，祝你玩得开心。"说完，他就笑着走开了。

来到篮球场上，依旧没有一个人，显得有点冷清。不过也好，这样没人干扰我，我可以自娱自乐。

我一个人运球，投篮，上篮，三分，尽情地玩着，虽然没有人陪我，但我却依然开心，甚至忘记了时间。

等我回过神来，已经是满身大汗。望着已经渐渐昏暗下来的天空，我心满意足地离开操场。趁着还有半个小时左右的多余时间，我回到小家洗了个热水澡。

洗完澡之后，只觉得身心舒畅，近期积累的疲惫感似乎随着汗水已经烟消云散。看来这时隔数月的一次锻炼，带来的成效还是挺不错的。

来到教室，发现教室里已经坐满了高声朗读的同学，瞬间，刚才还心情松弛的我，又变得紧张起来。

我立马回到位子上，翻开了昨天给自己订的计划表，准备趁着晚自习的时间完成今天还未做完的任务。

九月一号，考试终于来了，我拿起笔在答题卡上写上了自己的姓名。

其实，我在考试之前心情十分忐忑，但是当我拿起笔写下自己名字的那一刻，那股忐忑变成了一种莫名的兴奋。因为我知道，从失败中站起来的自己，将要再度怀揣着梦想，重新书写属于自己的奋斗青春。

这次月考，我没有想过要考多好，也没有给自己太大的压力，因为我认为自己在过去的一个月里，已经拿出了百分之一百二十的精力去学习了，不管考试有没有成功，我都可以对自己说一句："林木，你尽力了。"

所以，月考之后，我整个人表现得很释然，该做题就做题，该看书就看书，没有任何心理负担。

两天后，月考成绩公布。

556分，全校第七名。

情理之中，意料之外。

我望着学校光荣榜上的"林木"二字，突然觉得，过去一个月里吃过的苦、流过的泪，在这份荣耀面前，又算得了什么。

我心有猛虎，细嗅蔷薇。

——西格夫里·萨松

我心有猛虎，细嗅蔷薇

晚自习，有一个数学题我做了很久，直到下晚自习，我也没能把答案算出来。实在是咽不下这口气，我决定一定要把这道题解出来再回家。

"呼，真不容易。"我舒了口气，望着草稿纸上那一整面复杂的运算推理过程，心里很是满足。

我看了看表，十点四十五了，这么晚了，我急忙收拾好东西赶回小家。

乡村的天空在晚上还是有很多星星的。

走在路上时，我看着天上璀璨的星星，有点入神，自己已经很久没看到这么漂亮的星空了。我呆呆地望着繁星，默默想起了远在北京的爷爷。

"爷爷，你还好吗？"

回到小家，小小清已经打开了台灯，搬好了椅子，趴在桌上做试卷。我笑呵呵地走过去问道："今天准备鏖战到几点啊，勇士？"

他头也没抬，嘀咕道："至少也得把手头这套文综给做完吧。"

"那我就舍命陪君子啦，正好我手头上也有几份试卷要修正。"说完，我搬了张椅子过来，坐在他边上，深呼吸一口气，又准备继续奋斗。

其实，如果学习学到了一定境界，你会发现一点都不枯燥，有时候会很有意思。有时候你会想方设法去找新题难题来做，有时候你会和别人为了一个题目争得面红耳赤，有时候你会因为做对了一个题目而手舞足蹈，有时候你会因为一道题目做错了而茶不思饭不想……做完卷子已经是凌晨一点半了，我擦了擦眼睛，身体很是沉重，我走了两步，一头栽倒在了床上，眼前一黑，呼呼睡了过去。

讨厌的闹钟总是在讨厌的时间响起，我揉了揉蒙眬的睡眼，从床上爬起来。一旁，小小清依旧睡得很死，按照习惯，每天早上都是我先被闹钟弄醒，然后再当一次人肉闹钟，把叫他起来。

闹钟上显示的依旧是那个我熟悉的时间5点30分，小小清正张开四肢仰睡在床上，他把一本书盖在头上呼呼大睡的样子，十分好笑。

我抬起头看着天花板上的那些"梦想"，拍了拍脸蛋，握着拳头，自我鼓励道："加油！"

起床后，第一时间是去厕所洗漱，漱口的时候，我一只手端着一本单词记忆册，边漱口边记单词。环顾四周，整个厕所里堆满了各种学习资料。因为小小清蹲厕所跟洗澡都要花费很长时间，他为了不浪费时间，干脆就把一堆书搬到厕所里，他说这样是时间的高效利用。不过，每次看到那些被淋得湿透的书本，我就忍不住说他两句。

半小时后，我和一个睡眼蒙眬的孩子摸着黑来到教室。其他学生都去操场做操了，所以整个教室就我们两人。我看了看时间，离上早自习大概还有十五分钟，这个时间我应该还能做一篇阅读理解。

这时，我看了眼一旁的小小清，他正拿着一本政治书，眼睛微微眯着，嘴里小声诵读。

早自习，我一口气背了将近150个单词，因为单词以前都背过了，所以现在看到这些单词都有一种很熟悉的感觉。

不过，即使我对高中需要掌握的绝大部分单词都有了一定的把握，但是自己还是不能松懈，因为如果我又骄傲自满起来，结局很可能就像去年高三一样，辛辛苦苦一整年最后却是功亏一篑。

早自习结束之后，我去食堂吃早餐。排队的时候，竟然看到一个人正一边排队一边大声朗读英语。因为他的声音实在太过响亮了，很多人都因此注视着他，我也不例外。不过，说实话，我很佩服这种人，能不顾其他人的眼神与指指点点，自己坚持做着自己认定的事。

苏轼《晁错论》有云："古之立大事者，不惟有超世之才，亦必有坚忍不拔之志！"说的应该就是这类人吧。

作为一个硬件条件不太好的学校，它的伙食实在是一般。我还没见到粉里面有过肉的出现，每天的码子都是木耳加酸菜，虽然我不挑食，但吃久了真的会让人觉得腻。不过也没办法，食堂的早餐只有两种食物，一种是粉，还有一种就是馒头。

自从复读以来，我养成了一个小习惯，就是在每天会把一些很难记忆的知识点抄写在一张很小的纸片上，这样吃饭的时候就可以拿出来看看。反正吃饭不需要动脑，为了不浪费有限的时间，我就选择在吃饭的时候记那些难记的知识点。

虽然效果不一定好，但记了也总比没记强。

因为小小清不想吃早饭，所以我一个人选了一个角落打开我的小纸条，一边吃着饭菜，一边记忆知识点。

生活平平淡淡，我依旧不出彩，甚至是待在角落就会被世界遗忘的人，不过，我相信我总有一天能成功。因此，我愿意付出比别人多一倍、两倍，甚至数倍的努力去做一些事，只为了不让自己失望，不让未来的自己失望。

吃完饭，我依旧往耳朵里插了两个耳机，打开了熟悉的英语听力对话，一个人慢慢地走在回教室的路上。

孤独却自在。

　　一转眼，一个月又过去了，学校的第二次月考来临。在这一个月，我依旧没怎么和班上的人接触，班上的气氛似乎还没有起来，依旧是自己埋头做自己的。我除了和小小清以及班长虎子说过话以外，和其他人鲜有交流。

　　不过在第二次月考之后，开始转变。

　　我每天读书读到深夜十二点，早上准时五点三十分起床，吃饭、睡觉、洗澡、方便……我不肯错过任何一点时间去努力读书，我急迫地想证明我自己，证明自己的价值。

　　第二次月考，我没有犯一丝小错误，以绝对优势624.5分超越全校第二名整整18分拿下此次考试的第一名，而我的文科综合甚至高达了268分，超越第二名24分。

　　考试成绩出来的那天，我有生以来第一次被校广播进行了全校性表扬，当校长念到我的名字时，全班的目光都集中在我的身上。回忆起以往，当广播里面播到我的名字时，都是我做了什么坏事，挨了什么批评。而现在，我通过自己的双手，通过努力，终于改变了命运！

　　接到成绩单的那天，我明白了，自己才是自己的主宰，通过自己的双手去坚持做着自己认定是对的事，不管是福是祸，不管是悲是喜，哪怕粉身碎骨，却依旧能微笑面对。

　　记得我在这次作文中写道："在这个宇宙我是独一无二，没人能够取代，就算在梦的旅途中遍体鳞伤，我也能笑着走下去。"

　　记得当初，我曾看着吕文的背影，在心底问过自己："我是不是这一辈子只能一直看着他的背影？”

现在，我用我的努力、用我的汗水、用我的泪水，向自己证明了：我也能和他并肩同行，甚至超越他！

那天晚上，经过红榜的时候，我看到自己的名字写在第一排第一位，那一刻，压抑了整整两个月的我终于放声地笑了起来。

我弯着腰，不断地笑着、笑着，直到笑出了一滴又一滴的眼泪。

那一刻，我心有猛虎，细嗅蔷薇！

莫愁前路无知己，天下谁人不识君。——高适

愿君化彗尾

早自习，依照惯例，我要开始认真背诵课文了。

不过书还没从抽屉里拿出来，英语老师就踏进了班里。他走到讲台上，故意咳嗽了两声，等教室从喧闹的读书声中安静下来，他告诉我们，以后每周三的英语晨读改为英语课。

"怎么回事？"一时间，教室里议论纷纷。

不过，还没等大家回过神来，他就拿起粉笔开始讲课了。这下可好，所有人只好手忙脚乱地翻开教科书，短短一分钟的时间，原本吵闹的教室就变得鸦雀无声。

我啧了啧嘴，向他做了个鬼脸。接下来，我并没有像其他同学一

样翻开英语课本，而是从书包里掏出了一本卷子，望了眼黑板上方的时钟，我算好时间，低头写起卷子来。

不知从什么时候开始，我的学习方法开始变得越来越"叛逆"。一开始只是因为老师课上所讲的知识我都掌握了，不想浪费时间就在课上做试题，可慢慢地，我发现自己变得越来越不喜欢听课。而这种"叛逆的行为"直接导致后来绝大部分的课程我都不听，一味地埋头做自己的事情。

尽管我坐在最后一排，但纸永远是包不住火的，我上课不听讲而是自己做题的行为逐渐引起了老师的注意。

终于有一天，我的班主任找我去办公室谈话，他开门见山地问我为什么上课总是一个人低着头不听课，在座位上不知道干些什么，说我这样很危险，不要以为自己成绩好就能掉以轻心，成绩好如果不保持的话，那么就只是浮云一场。

"别因为骄傲而丧失了理智，不要让自满成为你的绊脚石，高考这条路上，实在有太多太多人倒在了终点的前一刻。"他叹了口气，如是说道。

因为是高四，因为是复读，所以一切的学习都是为了高考所准备。为了模拟高考考试，我做的文科试卷再也不是一科一科单独的百分卷，而是完整的文科综合卷，有时候一节课45分钟的时间无法完成，我会忽略上下课铃声，不停地做下去，跳过课间时间，直到做到下一节课。

在疯狂地做题中，时间飞速逝去。晚上，我拖着疲惫的身子，回到了小家。

洗完澡后，我拿起电话便打给了吕文，跟他聊了聊我最近的成绩状况和心态。

吕文在很多时候都是我的益友加良师，即使我们通话是长途，他也经常会主动打电话过来询问我的学习情况，并竭尽全力去帮助我。有时我遇到了瓶颈或者心情不好也会打电话给他，这时他会放下手上的事，耐心地聆听我的抱怨，然后针对主要矛盾对我进行开导，他总是能给出一些好的建议和方法，总之他在我的学习生涯中起到了很大的作用。

我如往常一般跟他聊着我的复读时光，可这次他的反应却令我感到异常陌生，因为在电话里，从他的话语中，我莫名地感受到了一种孤独，以及一种悲凉。

突然，他不说话，我下意识问道："怎么了？你睡着了吗？怎么不说话了，不说话那我先挂了？"

"不，没有，只是有些心事。"他的语气变得十分低沉。

"什么事啊？说来听听。"我说。

电话那头，声音沉寂了近半分钟。

"我想回来复读了。"

他一字一句说道，似乎用尽了全身的力气。

"为什么？"我为他的想法感到不可思议，身为以全校文科第二名考入全国知名学府的热门专业学生，他竟然才读了几个月的大学就想回来复读。

"我觉得北大才是我该去的地方。"他说着就笑了，可这却不是开心地笑。

我叹了口气，说："你认定了？"

"嗯。"

"只要你自己觉得行，那么不管怎样，我都支持你，义无反顾地支持你。"

人这一辈子总要做出几个关系到自己一生的决定，当你鼓起勇气做出决定的那一刹，你本身就是值得称赞的。

无疑，吕文正在做出影响他一生的决定。

"谢谢。"

我始终觉得兄弟之间，并不是那种在酒桌饭局上你喝两口我喝两口的酒肉朋友，也不是每天嘘寒问暖的客套，而是在他需要帮助的时候一声不吭地站到他身后，给予他你所有的支持和力量。

"没事，我俩谁跟谁。"

"嗯，让我想想。"说完，他挂断了电话。

对此，我并没有想太多，因为吕文是个聪明人，我觉得他会很好地权衡利弊，不会做出不理智的决定。

深夜，我缓缓睡去。

第二天，下午六点，我正在吃饭，突然裤袋内的手机振动，拿起一看，屏幕上显示的是吕文的号码。

"怎么啦？想好了没有？"我询问着。

"我已经在火车上了。"他云淡风轻地说道，犹如一件平常事。

"你不是在开玩笑吧？这么快，你真的打算好了？"我不放心地问道，怕他只是一时头脑发热。

"嗯。"他只是回给我一个字。

面对这种突然状况，我突然不知道自己该说些什么。

沉默了一会儿，他突然开口。

"我其实早就不想读了，从接到通知书那一刻，我就不想去读，可是我一直下不了决心，你……你知道我为什么那么犹豫吗？"他的声音变得十分急促，似乎还有点哽咽。

我心急如焚，问道："怎么啦？你别这样啊！"

"我很羡慕你，想和你一样，也想去实现自己的梦想。但是，但是……"

"怎么，你别急好不好。"我担心道。

"但是，我不想让我的父母再陪着我受苦了！你知道吗？在我为了高考而煎熬奋斗的同时，我的父母每天不光要承担生活的重担，还因为我而肩负着更大的压力。他们的心理压力一点也不比我们小，我们的未来，我们看得很重，可是看得最重得还是我们的父母啊！我那天看着我妈妈头上的白发，看着我爸满是褶皱的双手，我难受啊！你说，我应该怎么办啊？"吕文在电话那头哭了起来，我真的不好说什么。

我的话语在他面前逐渐变得苍白，到后来，只能静静地听他说着。

五天后，他给我发来短信，他说他又回到了学校。一星期前的那天晚上他连夜坐火车赶回家，准备放弃学业来复读，后来跟他家里面谈了很久，他最终还是听从了他家里的话，打消了复读的念头，重回学校。

似乎是觉得他已经没事了，我跟他道别之后挂断了电话但没多久我的手机再次响起，一条短信赫然显示在我的手机屏幕上。

只有一句话，十个字。

那是托着他梦想的十个字。

愿君化彗尾，为我扫幽燕！

恰同学少年，风华正茂；书生意气，挥斥方遒。——毛泽东

给未来的自己

日子有条不紊地往前行进着。现在的我，整个人浸泡在了学海之中，每天除了学习还是学习。无论何时何地，不管自己是洗澡还是吃饭，我都没有浪费哪怕一丝一毫的时间，拼了命去学习。每天唯一能放松的机会就是晚上入睡前的一小段时间，这个时间段我会躲在被子里拿出手机，翻看着历年各省高考状元的学习经历，看着他们那令人咋舌的逆天成绩，读着他们那令人不可思议的学习方法，这些都会给我带来一种无形的动力与希望，让我在安稳入眠的同时，有更好的心情去面对未来。

虽然每天看状元事迹对我来说只是一种休息方式，但在无形之

中，这种休息方式也深深地影响了我对学习的态度。

时间越过越快，转眼间，半年就快过去了。

第五次月考也随之而来，对于考试，我已经没有太多的感触了，或许是因为自己每天都在做试卷，做各种各样的试题，所以已经麻木了吧。那段时间，我每天都会做一至两套数学试卷，一个星期的时间就能做完一小叠。记得小小清在前段时间打算整理一下我们俩的学习成果，他足足花了一个星期天的时间去搜集试卷，结果等他搜集完毕时，发现我们俩做过的卷子堆起来足足有半个人高，可见我俩做试卷的疯狂程度。

月度考试在我眼里，似乎早已变成了两个普普通通的日子。

考完之后，我也没想去对答案，亦不想跟其他人讨论试卷什么的。不知道是不是心态发生了变化，现在的我不太喜欢在考试之后立马去回想考试时的东西，因为这种无用的回想，除了能带来遗憾好像也没有什么了。与其去乱想，还不如把这个时间利用起来，多去做几个题目。做几个题目、背几个单词、看几页书，这些都比胡思乱想有益得多。

出成绩的那天，我和小小清依旧是学校前十，红榜上依旧有我的名字。那天从学校回家的路上，小小清走在前面，我慢悠悠地走在小小清后面。突然，小小清猛地回过头，站在我面前停下了脚步，挡住了我的去路。

我一脸疑惑，问道："怎么了？怎么停下了？"

小小清说："有个问题我想问问你。"

"问什么？"我有些不解。

他抬起头望着天空，怔怔道："我们离梦想还有多远？"

我笑了笑，回答："我们离梦想还剩一个学期了。"

他回过头，看着我，笑得很开心。

一个月后，期末考试如约而至，不知为何，我心里有股莫名的慌张，可能是在课堂上听老师说，下一次我们来学校就是明年三月份了，到时候到校的第一件大事就是参加百日誓师。

看到百日誓师这个词，我突然感觉——高考真的离我不远了。

对于这次期末考试，我依旧是保持着平淡的应试态度。老师提前跟我们打了招呼，说题目不是很难，但是比较新颖，让我们做题的时候多注意。虽然老师这样说着，我也没去多想，还是准备按照自己的节奏来，做到有条不紊地学习，因为我现在的唯一目标就是高考，其他考试都是浮云。

那几天我更是发奋地复习，历史政治书被我反反复复地看了好多遍，一些没记忆到的重点也被我单独拿出来，抄到小本子认真地背诵着。小小清也和我一样，每天除了回小家稍微放松一下，其他的时间都在努力地做着卷子。

期末考试来得快，去得也快。考完的第二天，我们就正式放假了，这也是我进高四的第一次长假，此次假期长达20多天。同样，这也是我高中生涯的最后一次长假。考完的那天晚上学校没有安排晚自习，说是让我们好好休息调整一下，顺便让各班的班主任交代一些假期事项。

班主任只是进来交代了几句话，就让我们在班里面自由活动，说完他就走了。

之后，我们整个班闹成一团，似乎是被压抑了太久，青春的朝气被一下子爆发了出来。

后来，班主任进教室跟我们说，每个班都需要派几个男生去教务处拿寒假作业。

我当时就想，怎么到了高四还会有寒假作业这种东西？记得踏进高中以后，我就没再做过寒假作业。

抱着一种疑惑的态度，我来到教务处，刚进门，整个人就愣住了。

眼前，一屋子的试卷，触目惊心。

听教务处的老师说，每个学生的寒假作业是四十张试卷。

等我们把全班的卷子从教务处搬回教室，并整理完毕，那时已经过了大半个晚自习。

我看着自己桌子上成堆的试卷与习题册，一时间愣在原地，不知所措。

"这么多试卷，一个寒假的时间真的能做完？要不要减少一点？只带一半回去？"我这样问自己，但还不到一秒钟，我就不再犹豫。

"全部带回去，全部做完。"我对自己说，要是连这点困难都有所畏惧，那如何去征服高考这座大山？

虎子和小小清看着我桌上成堆的试卷和参考书，也傻眼了，虎子问我："小木，你不会准备把桌上这些全部都带回去吧？"

"没错，全部带回去。"我点头道。

"你强，我服了你。"虎子向我伸出大拇指。

第二天，我踏上了归途，肩膀上背着一个书包，手上提着两个袋子，除了一个袋子是衣服以外，其他的全是试卷。

晚上，很久没见面的海波叫我出去玩。海波因为种种原因没有参加高考而直接踏进了社会。在我去复读的这半年里，听说他换了几份工作，现在在我们县里的一个电脑城里面给别人打工，日子过得不是很理想。

海波约我到我们那里的一个小吃店见面，有半年多没看到海波了，这次见到他，觉得他的变化真的好大，原本的长发变成了清爽的平头，以前穿着很潮的他现在却穿得很朴实，脸也沧桑了不少，不过笑容还是跟以前那般可爱。

那天晚上，我们聊了很多，也喝了很多。

"我们多久没见面了？"海波拿起酒杯跟我碰杯道。

"半年了吧。"我笑道。

"呵呵，那时候没好好读书，说真的，有点后悔。你还记不记得那时候我叫你帮我补习？"海波脸通红，似乎有点醉了。

"是啊，我记得在寝室里面我陪你学习到一两点呢。"回忆起那段青葱岁月，我不禁举起酒杯跟海波碰杯。

"时光易逝啊，那段时间或许是我这辈子最难忘的，早知道现在落到这样的境地，那时候就该好好跟你一起读书了。现在回想起来，能有个三本也不错啊。"海波有点伤感地说道。

"其实，在你说不读的时候，我们几个人都劝过你，可惜你不听。"我有点惋惜道。

"呵呵，年少轻狂，那时候我再坚持一下或许也不是现在这个样子，当时想着反正自己没书读就可以去当兵，呵呵……我真是天真……说真的，小木，你不知道，我现在过得有多不是滋味，每天在工作上如果稍微做得不好，就要遭老板和顾客的白眼和责骂，有时候那些话真是很难听，可就算再难听我又能怎样？没有了可以交心的朋友，周围只剩下利益。回到家也没人陪我说话，以前还能玩玩游戏，现在每天累得回家就想睡觉……父母每天都责备我，说我这不是、那不是。我承认以前的我是贪玩，是没用，但现在我已经很努力、很认真了，可为什么我的努力与认真别人就是看不到呢？小木，我好怀念当年在学校，在寝室那种无忧无虑的日子，我好怀念跟兄弟们在一起谈天说地的日子……只可惜，只可惜我回不去了。"海波说到这，有点哽咽。看着海波现在的样子，我也有点儿不舒服，却不知道该怎么去安慰他。

"小木，我多想回到过去，去努力、去奋斗……去把最好的自己交给现在的自己啊……"

海波灌了一口酒，趴在桌上，眼眶湿红。他醉着趴在桌上大声高唱着一首歌，一首以前我们兄弟几个在寝室里最喜欢一起高唱的那一首歌。

给未来的自己。

"……在这个宇宙我是独一无二，没人能取代。不管怎样，怎样都会受伤，伤了又怎样，至少我很坚强，我很坦荡……"

或许，当年的我们喜欢在走廊上看着过往的女孩，说着青春真好；

或许，当年的我们喜欢在寝室里洗澡的时候一齐高声大唱，唱着青春万岁；

或许，当年我们喜欢一起坐在网吧玩着自己喜欢的游戏，体验快活人间；

或许，当年的我们喜欢在上课的时候偷看一本本武侠小说，幻想大侠美梦；

或许，当年的我们一起走在放学回家的路上，肆谈未来理想；

或许，当年的我们一起在球场上叱咤风云，绽放青春活力；

或许，当年我们一起向着夕阳奔跑，跑出青春无悔；

或许……

或许，或许没有那么多或许。

无论是谁，无论在什么年代，请珍惜你所拥有的，珍惜上天给你的一切，珍惜现在你所拥有的一切。

请把最好的现在，献给未来的自己。

何日功成名遂了，还乡，醉笑陪公三万场。——苏轼

凯旋——全市模拟考！

寒假第三天，吕文回来了。

为了庆祝他的回归，我们俩跑到饭店去吃了一顿大餐。吃饭时，他跟我说了很多大学的趣事。他说得声情并茂，趣味横生，使我对大学生活充满了渴望，同时也让我更加有斗志去拼搏最后的一个学期。

"你们这次期末考试成绩出来了没有？"吕文喝了一口酒，笑着问我。

"我记得我好像是全校文科第六名，总分是六百一十多分吧，具体不太记得了。"我思索了片刻，因为是期末考试，考完学生大部分

都回家了，所以学校把成绩公布在校园网上。

吕文点了点头，继续问道："感觉怎么样？这一个学期过的，看你现在取得的成绩，应该还好吧。"

"虽然有点波折，但是总体来说顺风顺水的。"我夹了一口菜，回道。

"那就好，不要给自己太大压力，你现在的水平已经很高了，继续保持。"

我摇了摇头，说："下半学期才是真正的鏖战啊，很难想象我接下来的日子会有多苦。"

"小木，你是不是累了？"

我有点愣住了，不明白吕文为什么会突然这么问我。

"不累啊，感觉还行。"

吕文望着我，眼神深邃，说："我觉得你应该适当调整一下了，这样下去不太好，该休息还是要休息。"

我很诧异："为什么？"

"我听别人说，你似乎有点拼过头了。你现在所处的这个阶段，拼的不仅仅只有努力，还有耐力。"

"可你是知道的，学如逆水行舟，不进则退。一旦我停下脚步，别人就会立马赶超过我的。"我有点不理解吕文为什么会这么说。

"一张一弛方可厚积薄发。"吕文喝了一口酒，吐出这十个字。

"什么意思？"我满脑子疑问。

"没什么，你自己回去好好想想。来，干杯吧，咱俩半年才见一次面。"吕文举起杯子，朝我敬来，我也跟着举起杯子，碰杯后一饮而尽。

吃完饭，我一个人回到家，躺在舒软的床上，望着天花板，思索着吕文所说的那句话的含义。

或许是酒气上头，脑袋一直是晕晕沉沉的，我变得无法思考问题。无奈，只得从床上起来，来到客厅，发现父亲正在看体育频道，他叫我陪他坐坐，我就顺势坐在他旁边陪他看了起来。

电视屏幕上播放的是一场网球比赛，我父亲跟我解释这一场比赛已经打了很久了，原本领先的那个人因为早先的时候用尽了太多的力气，体力已经逐渐跟不上了；而现在，原本被压制的那一方因为体力占据优势，已经把比分反超了。

那一刻，望着网球场上那个疲惫不堪的球员，我突然悟到了一些东西：为什么那么多人在最后几个月里面拼尽一切去准备高考，去做题，去啃书，却成效甚微？为什么那么多人一直处在瓶颈期，一直冲不上去？为什么有时候你看到一些轻松学习的人能获得优异的成绩，而一些极其刻苦的人却止步不前？

高考，拼的不仅是努力，还有你的耐力。

"一张一弛方可厚积薄发。"

吕文说的这句话，我突然领悟了。

回想起自己在这两个月里，学习成绩一直趋于稳定，虽然人越来越努力，但分数却没有了实质性的提高。每天学得很累，学习状态忽好忽差，生活中除了做题还是做题，有时甚至丢失了自己的章法，迷失在题海之中。

此时此刻，我终于明白了，自己应该劳逸结合，应该学会放松，应该让自己轻松快乐地去学习，而不是拖着一副疲惫的身躯、带着一个混乱的大脑去强迫学习，这样效率不但低下，还会引起轻微的厌学反应。

也就是从那一天起，我开始每天腾出时间去锻炼身体，开始不过分盲目地去做试卷，开始在睡觉之前听听舒适的轻音乐，开始每天多在镜子前对着自己微笑，开始不再熬夜……开始怀着一颗轻松享受的心去学习。

即使每天的学习时间下降了，但我的学习效率却得到了较大的提升。

转瞬间，二十多天的寒假结束了，我背着大包小包一个人坐车回到了我上学的那个小镇，回到了熟悉的小家。

踏进门，一眼望去，我看到了贴在床头的励志话语，看到了贴在墙壁的屈辱分数，同样也看到了天花板上象征着梦想的校徽。

我深呼吸一口气，对自己说："回来了，加油。"

我把行李整理得差不多之后，小小清也回来了，他提着几个硕大的行李包，一脸疲惫地走进来，东西都没摆放好就直接瘫倒在床上。

"累死了……"

"怎么了？看你这副虚脱无力的样子。"我帮他把行李简单地摆好，笑着问道。

"我从家里转车到县里再转车到这里，整整五个小时啊，主要是我提的东西太多了……唉，不说了，我连说话的力气都快没了。"

我点了点头，说："嗯嗯，应该很累。"

"废话。"小小清没好气地说道。

"对了，我们什么时候考试啊？记得班主任说学期开始的时候，会有一次全市的模拟考试。"我问道。

"嗯嗯，还有个两三天。"小小清把脸捂在枕头里，很是疲倦。

"那你还睡觉，不去好好搞复习？"我坐在椅子上，从书包里拿出一堆堆卷子和书本，认真地翻阅着自己在寒假做的一些错题笔记。

"休息五分钟，起来做题。"小小清扔完这句话，一头睡了过去。

半小时后，我来到教室。一月未见，同学之间免不了一阵寒暄，大家似乎没有上学期那种拼搏劲，很多人都在那里讨论自己在寒假干了些什么，玩了些什么，有了什么好东西，教室里的氛围也变得轻松起来。

我深呼吸一口气，迅速地进入了学习状态，或许是寒假一直在家里有条不紊地学习的缘故，我可以轻松地从假期生活中抽出身来，很快投入到学海之中。

上晚自习了，我拿出一套新的数学试卷，埋头做答。

有时候当你沉浸于题海之中，你会发现时光流逝得飞快。

三天后，我们迎来了高四以来的第一次全市模拟考试。

在经过上一个学期的积累以及寒假的心境历练后，现在的我对考试和分数已经没有了什么野心，我唯独有的是——信心！

这次全市模拟考试，我考得比较顺利，每一门也都发挥了自己应有的水平。

考试之后的第二天的最后一节晚自习，我们老师破天荒得没有对答案，他直接要把试卷发下来，说明天上课再对答案。

有时候，未知的东西会带给你一些不必要的担心。

在卷子发下来的前一刻，我还跟虎子说，我这次考试虽然感觉还不错，但是考完之后才发现有几个小细节犯了不必要的错误，估计总成绩不会太好。

望着传递下来的试卷，我的内心有一丝忐忑，但更多的是一丝迷惑。

因为我发现我的卷子每经过一个地方，都会引来一阵惊呼，当传到虎子座位上时，虎子更是猛地拍桌而起。

"小木，你牛啊！"虎子拿着我的卷子，惊呼道。

"怎么了？卷子出什么问题了吗？"我十分不解。

"你在装傻气我吗？哥，求你下次排座位的时候，不要跟我坐一起了，我压力很大。"虎子假装泪流满面。

"你在说什么啊？"

"喏，你的卷子，拿去。"

我满是疑惑地接过卷子，一眼看去。

"这是……"

那一刻我整个人懵在原地。

地理95，政治90，历史91.5，文科总分276.5分。

"这是我的卷子么？"

我有点不敢相信这个分数会是自己的，我翻来覆去地检查着自己的试卷，不断地检查名字和学号是不是自己，反复查看试卷上的字迹是不是自己。

当我再三检查发现就是自己的时，我全身都开始颤抖了，内心有压抑不住的激动。

我无法相信眼前的事实，无法相信这个分数，无法相信自己的能力。

最后，这次全市模拟考试中，我以661分的总分，拿下了全校第一名，全市文科第六名。

那天，当我的名字出现在校园红榜第一位时，我呆呆地站在红榜前傻笑了许久。

那天傍晚，我一个人走在操场上，望着绚烂的黄昏，脑海中浮现出一幅幅刻骨铭心的画面。

还记得……

那时的我，为了解一个数学难题一直熬到凌晨三点；

那时的我，为了让疲惫的自己上课保持清醒，不断地用手狠掐大腿；

那时的我，每天只睡不到六个小时就为了比别人多读几遍书，多做几个题；

那时的我，发烧的时候边打点滴边做试卷；

那时的我，在洗澡的时候背诵单词，害得整本书都湿透了；

那时的我，为了梦想、为了未来、为了每一个爱我的人，拼尽全力；

我望着晚霞，向天空伸出一只手，紧紧握拳。

我笑着对自己说："林木，努力，奋斗。"

埋骨何须桑梓地，人生无处不青山。——毛泽东

泪与笑——来自清华学长的讲话

有时候，我上课经常待在位子上拿着笔出神，想的是几个月后我的第二次高考，那个可能决定我接下来命运的转折点。有点兴奋，有点紧张，更多的是有一种说不尽的孤独。

或许，不只是我，很多人都有这样的感觉，虽然身边有很多人陪着自己一起努力、一起学习，但还是有一种不知所谓的孤独，有时候觉得做题做不出来实在很无助，又不知道去对谁诉说。

小小清一个人趴在桌子上，眼神有点茫然。

"欸欸欸，这么死气沉沉的干吗？少年，打起精神来。"我笑着拍了拍他的肩膀。

"哎，烦啊，现在读书读得我都没兴趣了。"小小清叹了一口气。

"还有几个月就高考了，放积极点。"

"小木，你难道没这种感觉吗？做题做得没有了激情，看书也看不进去。"小小清又重重叹了口气。

"有，但是又怎样，我们又没退路。"我回答。

小小清的状态应该是遇到了学习的瓶颈。

"算了，算了，不说了，做题做题吧，也没多少时间了，只能硬着头皮坚持下去了。"小小清有点沉郁地说道。

"对了，今天下午不是要开什么百日誓师大会么？听说校里面请了一个非常有名的人过来，你们知道那人是谁吗？"不知道什么时候，一脸兴奋的虎子跑到我们面前。

"谁啊？"小小清一脸疑惑。

"不知道，似乎是以前在我们这所学校复读，直接考上了一所重本，后来又直接保送进了清华的硕士。我也不太清楚，反正很厉害就是。"虎子摸了摸下巴说道。

"哎，管他清华还是北大，我还是管我自己的一亩三分地吧。"小小清说。

"百日誓师？这么快了啊。"我自言自语道。距离高考不到一百天了，时间似乎真的过得很快。

想到这，我不得不拿起了桌子上的笔，翻开了自己的本子，一头又埋进了题海之中。

下午的时候，我们都从自己的教室搬出了椅子，一千多人挤在不大的操场上。虽然老师说要认真听，不要带书，可是很多人都偷偷地带了那种小型的资料书，埋头苦看。

虎子坐在我后面，拿着一本政治资料书在默声诵读。

"怎么还不开始啊？"我有点郁闷地把书盖上，反过头问虎子。

"我怎么知道，管他的呢，复习！复习！"虎子一副无所谓的态度。

我有些无奈，心里是想着早点回教室去做题，抬起头看去，几乎一大半的人都在那里低头看着自己手中的书，煞是壮观。

不过没多久，在校长简单开场白之后，一个清瘦的男人走上了讲台。

似乎是虎子说的神秘人物上场了。

这时，我们校长用非常洪亮的声音对我们说："同学们，今天有一位学长要来给你们讲几句话……"

接下来，清瘦男人从校长手里接过了话筒，并微微向校长鞠了一躬。

他走到台中央，拿着话筒，微笑说道："记得在很久以前，我和你们一样，坐在这个操场上。那时的我啊，当时拿了一本自己做的复习手册，用棉花把自己耳朵堵住，在下面一个人心无旁骛地看着书。有时看到哪个知识点不太懂的时候，还会抬起头抱怨几句台上的领导，说是他影响了自己，呵呵。"

台下发出阵阵欢笑。

很多人听到他说的时候，都有点好奇地抬起了头，毕竟人们对那些与自己有着相同经历的人会有天然的好感。

他继续不慢不快地说着："第一次高考的时候，我离二本线就差两分。我是农村来的，家里没办法支持我读三本，虽然自己很不甘，但是也没办法。因为家里还有个弟弟，我当时想着自己既然已经失败了，就不能再让家里为自己操心了，复读的事根本没想过。我跟老父亲坦白说我不想读了，我要出去打工，让弟弟比自己有一个更好的学习条件。"

说到这，他微微顿了顿。

"我为什么想出去打工呢？一来是家里没有能力供我读三本，二来是因为我读书的时候家里实在太穷，连课外资料都买不起，很多时候我就只能借别人的资料来看。记得高二的时候，自己许下的生日愿望就是能有一本做不完的习题册。但家里面供我读书已经很困难了，所以只能去把别人不要的习题册拿回来做。我希望自己的弟弟不要像自己，别人有的学习资料，我弟弟也应该有，所以当时就把这个想法跟我爸说了。结果话刚说完，我爸就狠狠地扇了我一耳光，红着眼睛骂我没出息。我捂着自己的脸没说话，心里委屈得很，但又无法开口反驳，因为自己毕竟是失败者。我一动也不动地站在原地，我爸看我这样，抽开我的手，又给了我一耳光，用尽全身力气吼道：'你这不孝子给我上里屋去做题，下个月就去复读，老子就算卖血也要供你上大学！'"

他说到这，全场都安静了，没有一个人再开小差。

"后来，我走进了这所学校的大门，在走进大门的前几天，我爸把我们家里唯一的一头母猪给卖了。或许台下的各位不知道，当时一头母猪对一个普通的农村家庭意味着什么。只记得我听到这个消息时，我几乎是一边哭着一边在房间里面做题。那天晚上，吃晚饭的时候，一家人坐在桌子旁没说一句话，我妈更是吃到一半就没吃了，她说今天没胃口，其实谁又不知道她心里有多少不是滋味。

"到了这所学校之后，我每天几乎把所有的时间全部花在了学习上，从开学到期末，我没回过一次家，放月假的时候，我一个人待在教室里面，买了几包方便面，饿了的时候就去打开水泡面吃，困了就把几个桌子合上。现在你们的副校长，也就是当时我的班主任，他后来实在看不下去，就叫我住到他家去。他家就住在学校里的教师宿舍，那时候我还真厚着脸皮跑到他家去了，因为桌子睡久了，实在不舒服。"

说到这时，他笑了起来，但台下却没一个人笑。

"那段日子，我几乎每天都把书放到自己能够到的地方，睡觉也不例外，因为我怕，我怕我考不上，所以我连睡觉也不敢离开书。我不是个聪明的人，或许我是个笨人，很多时候，别人一下能懂的知识，我要反复地去钻研几遍；别人一天能记住的东西，我要记三天。那时候老师都不喜欢点我的名回答问题，因为什么？不是老师不喜欢我，而是我总是回答不出来，即使把我叫起来了，老师最后还得去问别人，呵呵，你们的学长很笨吧。"

"一点也不笨。"我旁边有个女生低声说道。

"所以，我作为一个笨蛋只能比别人努力，比别人拼命学习。别人看一遍书，做一遍题，我一定要做三遍、看三遍，甚至还可能去背三遍。因为我除了努力，没有任何东西可以比得上别人。或许就是这个原因，我将理科综合书上的所有知识点、所有公式和概念，甚至一些习题，都能一字不漏地背下来，甚至能背出它们出现在多少页。"

"太厉害了。"虎子望着学长一脸惊叹。

"那时候我从没有想过自己要考一个怎样的大学，只是觉得只要有大学读，有一个学费比较便宜的大学读就好，我真的奢求不多。记得，那时候在班上老师问我们都想考什么大学，当他问到我的时候，我摸着头很是认真地回答：老师，哪个学校的学费最便宜？后来这事被传开了，同学们都有点嘲笑我，说我太吝啬，不过我问心无愧。"

"高考结束后，我以全校也是全市第一的成绩考入了一所我想都不敢想的一本院校。只记得当时接到老师通知的时候，我们全家人都哭了出来。我爸一边骂我一边哭，说什么男孩子不要哭，哭着像什么样，可是他自己也哭着，我就笑他，他跑出来追着打我，我一边哭一边笑地跑着，那天，是我人生中最开心的一天。"

"大学四年，为了弥补自己在过去没多少书读的遗憾，我几乎每天都会泡在图书馆里面，看各式各样的书，有时候还会偷偷地借出来给弟弟看。呵呵，记得我们大学的图书馆馆长和楼层长都和我关系很好，因为这层关系，我能多借很多书来看。"

　　"四年之后，我保送进了清华，也就是那一年，我弟弟上了高中。我弟弟成绩也很好，我很高兴。当时我弟在进高中之前要我送一句话给他，以作为高中的座右铭。现在，我把这句话送给在座的各位学弟学妹，希望你们能把握好接下来的一百天。"

　　他深呼吸一口气，眼睛泛着微光，仿佛回忆起了往昔岁月。

　　学长微笑着，一字一句说道："孩儿立志出乡关，学不成名誓不还。埋骨无须桑梓地，人生何处不青山。"

俱怀逸兴壮思飞，欲上青天揽明月。——李白

最后的日子

时间转瞬即逝，我已经忘记自己耗在题海中的时间了。很多个清晨，我望着天边的朝霞，想起内心深处的梦想，从身体的某个不知名的角落又冒出无穷无尽的动力。

"是的，林木，你要努力奋斗。"我对自己说。

百日誓师大会之后，越加紧张的备考气氛悄然而至，然而如同吕文所说："一张一弛方可厚积薄发。"

正因为如此，即使再忙，我也会抽空出来活动锻炼。

清华学长的一席话也使我受益匪浅，"孩儿立志出相关，学不成名誓不还。埋骨无须桑梓地，人生何处不青山。"

但高考的压力依旧如同黑沉沉的乌云，我无法忘怀上一次高考的失利，现今还挂在小房子里的耻辱分数，这些就是在剩下的日子里不断鞭策我奋进的源泉。

按照惯例，学校每个月都会组织所有学生月考，这个月也不例外。虎子那天兴冲冲地跑过来跟我说："小木，小心点，这次考试我可要超过你的，哈哈！"

我白了他一眼，其实也明白，在最后这个关头，说不紧张都是假话，如果这样能让大家轻松些，更加坦然地面对高考，何乐而不为？

卷土重来的我们，势要拿出破釜沉舟的勇气，去打破人们的质疑，高四，其实比高三更为痛苦惨烈，因为我们无法再经受又一次的失利。

更甚者，这是最后的战役。

不成功便成仁！

月考的那天，太阳高照。学生们屏息以待，全神贯注，把剩下的每一次考试都当成了高考来对待；而在镇子上，人们也开始理解所有学生的压力，知道高考临近，尽量减少相关干扰因素。

月考两天，也许是历经无数考验，这次月考我反而坦然，语数外和文综发挥正常，不能说一点失误都没有，但是已经无关痛痒。

因此，考完试后，又开始投入到无止境的题海当中。我知道，高考没有诀窍，只有恒心及耐力。

这是我高四最后的日子，坦然面对，问心无愧。

果不其然，几天之后成绩公布，虎子哭丧着脸："小木，你这个变态，我还是没有干掉你！"

小小清听到虎子的话之后，控制不住地大笑起来。

那次考试，小小清只比我少了两分，整个高四一年，我和他轮流占据了全班一二名的位置。

"虎子，我深刻怀疑你读书读蠢了，你也不看看小木这段时间有放松过吗？题海，无穷无尽的题海，你还偶尔放松了一会儿，想超过他？等你有他那么努力再说吧。不过嘛，我同意你说的——变态！"

我摇了摇头，不再关心他俩的对话，检查了一遍试卷上的错题，自己又尝试着重新答题，所有的试卷过了一遍之后，拿起桌子旁的高考模拟题又开始做了起来。

有时候我也怀疑自己，是不是做题做疯了，但是感受着不断掌握的知识，脑海中不断加深异常牢固的考点，又觉得一切理所应当。

人们常说，种什么瓜结什么果。

高考也不外如此。

考试之后，各科老师照例开始为学生们分析试卷的各种知识点，容易混淆的以及稍微疏忽便会答错的题，被反反复复强调，老师们的话汇总成一句，那就是——切记不可马失前蹄。

看来，老师们也开始进入最后冲刺的阶段了，和所有同学们一样，高考同样牵系着他们的心。

拼搏一年，整装待发！

三天之后的傍晚，我和虎子、小小清同行，难得地开始欣赏起晚霞。晚霞远远地飘在视线尽头的上方，将天边映照得如同战旗般，云彩飞扬。

"你们准备好了吗？"虎子拍了我和小小清的肩膀，神情高昂。

"准备好了什么？"我一下没适应虎子跳跃的节奏，下意识地问道。

"那还用说，当然是高考啊！"

虎子的话让我想起了去年的这个时候，想着这段时间昏天黑地地埋头于题海，自己有时候都觉得自己跟受虐狂没什么区别了。但是，这一年以来不断取得的进步又使我感到欣慰，但究竟为高考准备好了没有？我不敢确定，似乎如何准备都不过分。

小小清瞅了一眼虎子。

"怎么可能准备好，我一想到不久之后的高考，想起这一年以来吃的苦，现在脚都有点儿发软。"他停下来指着自己的腿说："你看，是不是都迈不动了？"

"唉，人生不易，高考不易啊！"虎子叹息道。

"加油吧。"我心中万般情绪却只化作了这三个字。

生活就在你以为准备得足够充分的时候让你又猝不及防。

距离月考已经过去一段时间了，高考眼见着又近了一步。

上自习课的时候，数学全国卷上的一道题目让我头疼欲裂，总觉得这道题似曾相识，也许就在不久前还做过相似的题目，但是也不知道什么原因，我久久无法解出来。

可能是太紧张了。

我这样安慰自己，抬头望着窗外，校园内一片寂静。回头看着虎子，此时他正认真地做着文综，似乎也碰到了什么难题，绞尽脑汁地思索着。

隔了好一会儿，觉得脑袋终于放松了些，我花了点时间调整了自己稍显烦躁的情绪，深深地呼了一口气，把脑海中的其他杂绪抛开，再次仔仔细细从头看了一遍题目。

但是，仍然毫无头绪。

而这，明明是我会的题目啊！

越是这样想，我发现自己越加无法找到线索，短短的一百字不到，竟如同拦路的老虎一样，将我困在原地。

呼！

我试着把试卷放在一旁，拿出文综的资料看了起来，但是一行行的字从我眼前浮现又消失，我却一个都没有记住，整个脑袋想的都是那道似曾相识的题目，整个人跟陷入了魔障一般。

我甚至开始怀疑自己！

虎子突然问我，声音压得极低。

"小木，你怎么了？"

我摇摇头，表示没什么事。

自习课一结束，我便冲出了教室，跑到操场上用尽全力地跑了整整一圈，整个脑袋迅速缺氧，但是意识反而更为清晰。

"林木，你忘记了那些整夜整夜与试卷鏖战的日子了吗？你忘记了你双眼是如何血丝密布？你忘记了手上还挂着点滴，废寝忘食地学习的时候了吗？你忘记了你的梦想、你的未来、你为之奋斗的一切了吗？现在，你是不是要重整旗鼓，你是不是要继续为之奋斗了呢？如果你的答案是肯定，那么，眼下的这点困难就要难倒你吗？"

我望着空无一人的操场，内心的思绪跌宕起伏。

"一切，都是刚刚开始！"

回到教室的时候，虎子有点担忧地望着我，我朝他笑了一下，拍了拍他的肩膀示意一切已经解决，不用担心。

"真的没事吗？"虎子问我。

"没事，你还不相信我吗？"我佯装生气，虎子又看了我好一会儿，见我神情无碍，略为放心，然后继续做着手中的那套文综试卷。而我，看向摆在面前的数学全国卷，开始了又一次征程。

有时候生活也会给每一个努力的人额外的惊喜。

一段时间以后，全市举行最后一次统考，在最后的关头，全真模拟高考气氛，让学生们充分感受高考。同时，也是所有学生了解自己在全市的成绩处于一个什么位置的最后机会，无异于高考。

学校开始有条不紊地安排考场，将所有考生打乱，分别安排在不同的教室。老师们也如临大敌，反复叮嘱。

神经紧绷的考试很快就到了，被所有老师们刻意营造的如同高考气氛的全市统考，就这样开始了。我和虎子、小小清分别在不同的考场，各自加油。

……

最后一次全市统考结束，成绩很快就出来了。

"总分670分，全市文科第四名，全校第一，小木，你可以啊！"虎子知道分数之后，对着我挤眉弄眼。

　　相比于上一次全市统考，这次考试前进了两个名次，只能说越到最后关头，越是看临场发挥。

　　而与上次统考不同的是，虎子给了大家一个惊喜，全市排名346名，全校排名73，一个极大的进步！

　　"不过，我还是没有超过你！"虎子故作难过地说着，不过大家都知道他的性格，彼此相视一笑。

　　现在，一马平川，唯有最后一战——高考！

十年窗下无人问，一举成名天下知！——高明

最懂我的人，谢谢你们一路陪伴我！

学校里的日子在永不疲倦的题海中悄然而逝，看着黑板角落上的倒计时，还剩最后十天。

也就是意味着，一年已过！

"时间过得真快啊！"小小清看着黑板角落的倒计时，这么跟我说。

我也颇有感触，不知不觉曾经以为漫长的复读生活就已经接近尾声，这一年的点点滴滴，被时光的刻刀深深地镌刻在我的灵魂深处，无法忘怀。

小小清整理着自己的复习资料，看起来神情低落，但是他一言不发，让人不知道他在想些什么。

"小木，再过几天，学校就会安排放假，我们都要各自准备去其他考点迎接高考了。你现在感觉怎么样？"

因为是私立的复读学校，所以教育局并没有设立高考点，所有金桥中学的复读生都被安排到其他学校进行考试。

"感觉还行，只是很有感触啊，我们相比于那些一次考试就考到自己理想的学校的人，多经历了一次灵魂的考验。"

小小清闻言抬头，深深地吸了一口气。

"不瞒你们说，我现在就开始紧张了，一下子压力就全涌上来了，有点慌。"

他摆好手上的复习资料，看着我和虎子，脸色显得很不自然。

"那换个话题吧！"

虎子从旁走上前来，对着我和小小清说。

"这一年以来，我们三个人同甘共苦一路陪伴，各自扶持，借着今天这个机会，我想跟你们说一声谢谢。"

他又继续说：

"我曾经以为复读的生活是望不见底的黑暗，但是还是硬着头皮上了，因为我也有梦想，我想做到一些我本就应该做到的事情。于是我来了，幸好我来了！"

"一个大男人搞这么煽情干吗？"我笑着说。

他深深地望了一眼我，又接着望了一眼小小清。

"因为碰见你们，让我这一年的生活不是暗无天日。"

我和小小清相视一笑，虎子的这一席话其实也是我的心里话，不经历一次复读，无法想象其中的苦楚，幸亏有志同道合的伙伴，彼此支持。

小小清听着虎子把话说完，脸色显得柔和了许多。

"是啊，我也曾经是这么想的，但是又不甘心，于是我也来了，想不到还有这么多不甘心的人，发现自己并不是孤独的，我也很高兴啊！"

我们三个人围着桌子坐了一圈，虎子说完，有很长一段时间陷入了沉默。

"来，让我们一起加油，为了各自的明天。"

虎子从沉默中站了起来，伸出右手，小小清见状也伸出了右手放在虎子的手背上。

我使劲搂过他俩，我相信他们能感受到我的谢意，一年的默契已经使我们各自理解。我于是把手放在小小清的手背上。

"加油！"

我这么说着。

"加油！"

虎子和小小清也各自大喊了一声。别的同学看着我们纳闷，但是这一句加油，里面包含了我们三个人这一年的不甘、奋斗、汗水、泪水，一切的一切，化作两个字——加油。

或许是因为我们彼此气味相投，喊完加油的我们默契地相视一笑。

"最懂我的人，谢谢你们默默地陪我，让我不低头，更精彩的活！"

距离高考只剩三天，学校放假，学生们各自回家等待高考。

我坐在自己家里，看着历史复习资料，耳边放着这首信乐团的歌。

其实也没什么好看的了，现在的状态无非是为了让自己沉下心来。

在学校里待到最后一天的时候，虎子、小小清和我三个人结伴离开了学校。各自背着自己这一年以来复读的行囊，肩上的分量不轻，心里的分量同样也不轻。

回到家中，母亲已经为我准备好了丰盛的饭菜，父亲坐在饭桌旁微笑地看着我。不知道为什么，踏进家门的那一刻，我的眼泪控制不住地流了出来。回想起这一年以来的生活，父亲母亲心里的压力不比我小，可是他们仍然默默地支持着我，为我排忧解难，为我准备好复读的一切事项。

这些我都明白，正因为明白，此时此刻，看着眼前父亲母亲的身影，才会如此感动。

"还没吃饭吧？赶紧坐下来吃饭。"

母亲说着，把碗筷放好，招呼着我过去吃饭。我把随身携带的行李放在一旁，走近我最爱的父亲母亲身旁。

"爸、妈，谢谢你们！"

他们微笑着，父亲拍了拍我的肩膀让我吃饭。

不为人父母，有时候很难理解父母的良苦用心，但是我现在却能体会父亲母亲对我深沉的爱。复读的一年，其中酸楚，又能有几人体会，但父母却一直理解我、支持我。父亲更是时常提醒我，我想起了吕文回来的那天晚上，想来父亲也看出了我过度紧绷的神经，才会有那么一席话。

更让我感动的是，或许是怕给我过多的压力，父亲借着为我解释网球场上发生的事情告诉我：高考，拼的不仅是努力，还有耐力。

吃完饭，我随父母出去散步，一家人就这样走走停停、说说笑笑，周围也有邻居们散步的身影，在这天晚上，这一切看上去如此和谐。

回到家中，我走回自己的卧室，整理好行李，从里面拿出复习资料，开始慢慢地啃起来。今天的学习效率让我自己都感到惊讶，也许是心情舒畅的缘故，不到一个小时，我就把手中的一份复习资料重新复习了一遍，正准备拿出试卷检验效果的时候，吕文打来电话。

"小木，加油！"

透过话筒，吕文的声音清晰地传进我的耳朵里。

"怎么样，现在心情还平静吗？"他问。

"感觉不错，今天晚上的复习效率格外高。"

"那就好，不过要记得我曾经跟你说过的话，一张一弛方可厚积薄发。"

"明白，这一年的复读生活我收获的不仅仅是成绩上的提升！"

我对吕文这样说着，脑海中这一年的生活全都历历在目。

"你现在在干吗？"

吕文转而问我。

"还能干吗，最后这几天，再过一遍复习资料，确保万无一失。"

我这样说着，又看了一眼桌子上的复习资料。

"吕文！"

"嗯！"

"等我考完，我们一醉方休！"

"待公功成名遂了，吾还乡，醉笑陪公三万场！"话筒里传来吕文大笑的声音，我也情不自禁地笑了起来。

"那就这样，我继续把知识点再巩固一遍，考完联系你。"

"嗯，等着你的好消息。"

挂了电话，不知道什么原因，胸口中涌现出一股慷慨激昂的情绪，似乎一切都不再沉重。

"愿君化彗尾，为我扫幽燕。"

这句话再度从我脑海中浮出，我紧握着拳头，再次坚定道："林木，加油！"

虎子、小小清、吕文，有朋友如此，前路漫漫，又有何惧？父亲、母亲默默支持，有亲人如此，人生迢迢，又有何妨？我为之勤勉奋进，日日夜夜，哪怕山重水复，又何疑无路？

子为我击筑，我当为你高歌！

我久久地站在原地，觉得眼前一片开阔，高考那令人喘不过气的压力随风而去，转而是无止境的拼搏动力在胸口燃烧。

三天后，高考来临。

没有波澜，没有汹潮，两天的考试如同一潭净水，消失在笔尖。

当最后一堂考试结束铃声响起时，我跟随着大家一同离开。当真正踏出考场大门时，我的眼眶止不住湿红。那一刻，坦然与平静化为了泪水；那一刻，过去的艰辛与苦痛化为了灿烂笑容。

那一天，我站在考场外，望着天穹，望着近在咫尺的梦想，笑着流泪。

一个星期后，爷爷从北京回来了。

去飞机场接他的时候，他坐在轮椅上，白发苍苍，身体瘦得令人心疼。

再次看到爷爷，我不顾一切飞奔过去，抱着爷爷羸弱的身体，忍不住哭了出来，所有过往的艰辛，所有苦痛全都化为泪水，在爷爷怀里释放出来。

"孙子，爷爷回来了，爷爷回来陪你了……爷爷不会再走了。"他轻抚着我的头，声音沙哑道。

我抬起头，忍着抽泣，紧咬嘴唇，颤声道："爷爷，林木……没有……让您失望。"

爷爷看着我，笑得很温暖，说："我的孙子有出息……有出息……有大出息……"

那一年，我以686分的成绩荣获全市文科状元。

那一年，我接到了清华大学的招生办电话。

那一年，我的梦想实现了。

三个月后，我提着行李，拿着录取通知书，站在清华大学东门门口，我回忆起一年前的自己，同样也是提着行李，抱着一个小小的梦想，站在复读学校的门口。

一年的时间，我终于给了未来的自己一个满意的答卷。

　　我深吸一口气，朝前方迈出了崭新的一步。

　　那一刻，我的脑海里涌现出无数回忆，无数爱与笑都汇成一幅画卷，美好而圆满。

　　那一刻，我握着拳头，犹如曾经，望着天空，灿烂笑道："加油，林木。"

　　那一刻，我朝着梦想走去，不曾回头，一路高歌。

　　"海阔天空……转过头，对旧心酸一笑而过，最懂我的人，谢谢一路默默地陪伴，让我拥有美好的故事可以诉说……"

　　（完）